나의 직업 방송 작가

글 대신 말을 쓴다

나의 직업 방송작가

© 임선경 2017

초판 1쇄	2017년 8월 3일
초판 6쇄	2025년 7월 18일

지은이	임선경

출판책임	박성규	펴낸이	이정원
편집주간	선우미정	펴낸곳	도서출판 들녘
기획이사	이지윤	등록일자	1987년 12월 12일
편집	이동하·이수연·김혜민	등록번호	10-156
디자인	조예진	주소	경기도 파주시 회동길 198
마케팅	전병우	전화	031-955-7374 (대표)
경영지원	나수정		031-955-7389 (편집)
제작관리	구법모	팩스	031-955-7393
물류관리	엄철용	이메일	dulnyouk@dulnyouk.co.kr

ISBN	979-11-5925-271-6 (14370)
	978-89-7527-648-4 (세트)

미래
탐색
012

나의 직업
방송작가

글 대신 말을 쓴다

지 음 : 임선경

기 획 : 푸른들녘

방송사들이 모두 여의도에 모여 있던 시절. "여의도 해는 더 빨리 뜬다" 라는 말이 있었습니다. 방송 작가들 사이에 돌던 말인데 작가들 모두 공감했었어요. 밤을 꼬박 새우며 프리뷰를 하고 구성안을 짜고 대본을 쓰는 밤. 밤은 길다고 생각하지만 일을 채 마치기도 전에 어느새 해가 떠오릅니다. "헉! 벌써 아침이야!" 잠시 눈 붙일 새도 없이 다음 날의 다른 일이 시작되는 것입니다.

방송 일은 시각을 다툽니다. 방송날짜, 시간이 정해져 있으니 중간에 어떤 사정이 생기더라도 무조건 할 일은 해야 했죠. 방송 작가의 글쓰기는 영감이 떠오르기를 기다릴 시간, 문장을 다듬느라 고뇌할 여유 따위는 없는 글쓰기입니다.

직업별 평균 수명 조사에서 스트레스 때문에 단명한 직업군 1위가 언론인, 2위가 문학인이라는 연구결과를 보고 서로 얼굴을 마주봤습니다. "그럼 언론사인 방송국에서 글 쓰는 우리는 뭐야?" 하며 웃었지요. 방송 작가는 그만큼 스트레스가 큰 직업입니다.

그렇지만, 그럼에도 불구하고, 방송 작가는 멋진 직업입니다. 해가 갈수록 점점 더 많은 사람들이 꿈을 갖고 도전하고 경쟁하는 직업입니다. 그렇게 많은 사람들이 열의를 갖고 뛰어드는 이유. 지금 방송 일을 하고 있는 작가들이 "심장이 뛴다"고 말하는 이유. 그것을 이 책에 담아내려고 애썼습니다.

이 책에는 '사람'이 있습니다. 방송국 작가실, 편집실, 회의실, 수면실에서 지금 어떤 사람들이 어떤 일을 하며 생활하는지, 방송국 주변 작업실, 카페, 오피스텔에서 누가 어떤 시간을 보내고 있는지 썼습니다. 방송 작가가 하는 일을 설명하고 그 일을 할 때 작가로서, 직업인으로서, 사람으로서 힘든 점은 무엇인지, 무엇을 느끼는지, 방송 작가의 일상은 어떤지도 상세히 묘사했습니다. 이름만 대면 아는 몇몇 스타 작가가 아니라 시청률에 목맬 수밖에 없는 신인 드라마 작가, 온갖 잡일에 시달리는 막내 작가의 모습도 가감 없이 보여주려고 노력했습니다.

가까운 사람이 어떤 직업을 가지고 있으면 그 직업에 대해 잘 알 수 있습니다. 하는 일뿐만 아니라 평소에 어떤 노력을 해야 하는지, 어떤 과정을 통해서 그 직업을 갖게 됐는지, 얼마나 바쁜지, 너무 힘들지는 않은지 알 수 있거든요.

"우리 아빠가 경찰이어서 아는데."

"친척 형이 소방대원이거든."

"우리 이모가 수간호사야. 이모가 그러는데……."

이렇게 말하는 사람들은 경찰, 소방대원, 수간호사에 대해 다른 사람보다는 많이 알고 있을 것입니다.

이 책이 방송 작가의 모든 것은 다 담아내지 못했더라도 '아는 옆집 언니가 방송 작가'인 정도의 역할은 할 수 있었으면 좋겠습니다.

책을 쓰면서 많은 사람에게 도움을 받았습니다. 교양 프로그램에서도 일했고, 드라마 작가로도 일했지만 제 경험이 전부인 것이 아니니 다른 많은 방송 작가들의 이야기를 듣고 책에 넣었습니다. 내 오랜 친구이자 따뜻한 드라마를 쓰는 작가인 홍진아와 예능 프로그램에서 잔뼈가 굵은 이소영 작가에게 특별히 고마운 마음을 전합니다. 잦은 문의에도 늘 친절한 답을 보내주신 한국방송작가협회 관계자들께도 감사의 말을 전합니다. 푸른들녘 가족들, 고양시 행신 어린이도서관 사서님, 그리고 우리 가족들, 모두 감사합니다.

2017년 8월 임선경

S# 0. Contents

7장 번역 작가 뜯어보기

8장 방송 작가가 되고 싶다면

붙임자료 방송의 세계 조금 더 파보기

프롤로그

풍경이 있는 길

"어떤 직업이 좋은 직업이라고 생각해?"

아이에게 물으니 "일은 조금 하고 돈은 많이 버는 직업"이라는 대답이 돌아옵니다.

우리는 왜 직업을 가질까요? 그 직업을 선택하는 이유는 뭘까요?

물론 돈을 벌기 위해서 직업을 가집니다. 돈을 벌어야 누워 잘 수 있는 집을 구하고 먹을 것을 사고 입고 다닐 옷을 살 수 있죠. 친구들 만나 즐거운 시간을 보내고 부모님께 효도하는 일에도 돈이 들어갑니다. 그러니 일을 조금 하고 돈을 많이 벌 수 있다면 좋은 일이겠죠.

그런데 그게 다일까요? 좋은 직업이라는 말을 조금 바꾸어 행복한 직업이라고 하면 어떨까요?

행복이라는 것이 늘어지게 자고 많이 먹고 마음대로 논다고 느껴지는 것은 아니겠죠. 자기의 능력을 발휘해서 무언가를 했을 때, 그리고 그것이 누군가에게 도움이 되었을 때, 다른 사람들에게 웃음이라든가

위안, 지식, 물질적인 도움 등 무언가를 가져다주었을 때 우리는 행복을 느낍니다. 일에서의 보람이 행복으로 연결되는 것이죠.

그래서 우리는 "적성에 맞는 직업을 택해야 한다"라고 말합니다. 좋아하는 일을 찾아라, 자신의 적성을 알아야 한다는 말에 우리는 적성검사도 하고 진로수업도 듣고 직업체험도 하러 갑니다. 직업이 그 사람의 행복에 결정적인 것이기 때문입니다.

학생들이 학교에서 대부분의 시간을 보내듯, 직업을 가진 사람들은 시간의 대부분을 직장에서 보냅니다. 일 때문에 고민하고 스트레스 받으며 직장에 있지 않을 때도 일 생각을 합니다. 그러니 마음에 들지 않은 일, 자기 성격과 맞지 않는 일을 하면서 인생을 보낸다면 정말 힘들 것입니다.

그런데 요즘은 '꿈'이라는 말에 중압감을 느끼는 사람도 많은 것 같습니다. '꿈을 찾아서', '꿈을 향해 한 걸음' 말은 많지만 대부분의 아이들은 "꿈이 뭔지 모르겠다", "나는 꿈이 없는 것 같다"라며 한숨을 쉽니다. "공부하라"라는 잔소리에 더해 "꿈을 찾아라"라고 하는 잔소리가 하나 더 생긴 듯해 안타까운 마음도 듭니다.

제 생각에 꿈이란 건 모호하고 눈에 잘 보이지도 않고 손에 잘 잡히지도 않는 것이 당연한 것 같습니다. 아직은 '꿈'일 뿐이니까요. 사람이란 어딘가에 딱 들어맞는 기계 부품이 아닙니다. '나'라는 사람은 활동적이지만 날씨에 따라서 가라앉기도 하고 논리적으로 따지고 이성적으로 판단하다가도 감성적인 말 한마디에 녹아내리기도 합니다. 사람은 이렇기도 하고 저렇기도 하지요. 친구들 사이에서는 개그맨으로 통하지만 집에 오면 조용한 아이기도 하고 음악을 좋아한다고 생각하는데 음악 점수는 형편없으니 종잡을 수가 없습니다. 심리검사, 적성검사를 해봐도 이게 과연 난지 내가 이런 성격이 맞는지 스스로 확신이 안 섭니다. 그러니 적성과 흥미를 따져서 직업을 선택하라, 꿈을 가지라고 하면 헷갈리고 불안해지는 겁니다.

청소년기는 자라고 있는 시기입니다. 아직 다 자라지 않았습니다. 그리고 사람은 변하는 존재입니다. 언제까지고 그 모습 그대로 그 성격과 적성 그대로 있는 사람은 없습니다. 그러니 지금 흥미 있는 것, 지금 하고 싶은 것, 지금 할 수 있는 것에 시간과 노력을 기울이면 됩니다. 지금은 '결정'이 아니라 '탐색'의 시기입니다. 천천히 여러 곳을 많이 둘러보고 알아보는 것이 중요합니다.

청소년기 잠깐의 경험은 성인기의 몇 년을 투자한 것보다 더 큰 영향을 미칩니다. 청소년기에 한 번 본 영화나 한 번 들은 음악이 인생을 바꾸는 일도 있습니다. 배우고 익히는 속도도 훨씬 빠릅니다. 청소년기는 감각이 예민하고 풍부하고 빨리 성장하는 시기이기 때문입니다. 청소년기에는 이것저것 많이 해보고 많이 경험해보는 것이 좋습니다. 어딘가에 내가 정말 원하는 것, 정말 좋아하는 것이 있는데 내가 접해보지 못해서, 그런 것이 있는 줄도 몰라서 놓친다면 안타까운 일이겠죠.

그러니 차근차근 둘러보기를 바랍니다. 경주마처럼 앞만 보고 달리기보다는 좌우를 살피면서 때론 이미 지나온 길들도 다시 한 번 돌아보면서 길가의 꽃도 보고 나무도 보고 고개를 젖혀서 하늘의 구름도 보면서 내가 가는 길이 어떤 길인지 어느 갈림길로 가면 더 멋진 곳에 다다를 수 있을지 멈춰 서서 생각도 해보는 그런 여행이 되기를 바랍니다. 길 중간에는 이런저런 책들도 놓여 있겠죠. 이 책도 그중의 하나입니다. 잠깐 멈춰 서서 슬쩍 들춰보는 것도 좋겠네요. 흥미 있다고 느껴지면 더 많이 찾아보고 알아보고 내 길이 아니라고 생각되면 멀리 휙 던져버리면 그 뿐입니다.

작가와 방송 작가

모든 프로그램엔 작가가 있다

방송 작가는 방송 프로그램에서 일을 하는 작가입니다. 소설가는 소설을 쓰는 사람, 시인은 시를 쓰는 사람인 것처럼 방송 작가는 방송 글을 쓰는 사람입니다. 그런데 방송 프로그램은 정말 다양합니다. 뉴스부터 드라마, 다큐멘터리, 코미디, 음악, 스포츠, 버라이어티쇼, 오디션……이루 헤아릴 수 없을 정도입니다. 방송은 세상에서 벌어지는 모든 일을 다룹니다. 다양한 곳에서 다양한 사람들이 방송을 보니까요. 그렇다면 그 모든 다양한 방송에 방송 작가라는 사람들이 다 관여할까요?

그렇습니다. "이런 프로그램에도 작가가 있을까?" 하는 프로그램에도 작가가 있습니다. 무대에서 벌어지는 공개 코미디 프로그램에도 작가가 있습니다. 뉴스쇼에도 작가가 있습니다. 스포츠 전문 작가도 있죠. 방송 프로그램은 정말 많은 사람이 함께 만들어가는 것이고 그중 한 부분을 작가가 담당합니다.

방송 작가는 매체별로 나누어보면 'TV 작가', '라디오 작가'로 나누어집니다. 그렇지만 이 구분은 사실 큰 의미가 없습니다. TV 작가가 라디오를 할 수도 있고 라디오 작가가 TV로 옮겨오는 경우도 흔합니다. 때에 따라서는 TV와 라디오를 동시에 하기도 합니다.

방송 작가를 장르에 따라 나누어보면 '드라마 작가', '교양다큐 작가', '예능 작가'로 나누어집니다. 사람에 따라서는 드라마 작가와 구성 작가라고 나누기도 합니다(예능 작가와 교양 작가를 묶어서 구성 작가라고 부르는 겁니다).

같은 방송 작가이지만 드라마 작가와 구성 작가는 많이 다릅니다. 그렇지만 이 역시 구분이 절대적인 것은 아닙니다. 지금 활발히 활동하는 드라마 작가 중에 예능 작가 출신이 많습니다. 심지어 드라마와 예능 프로그램을 동시에 집필하는 경우도 있습니다. 구성 작가들 사이에서 예능과 교양을 넘나드는 것은 너무나 자연스러운 일이거든요. 장르를 넘나드는 것 외에 매체를 넘나들기도 합니다. 라디오 음악 프로그램을 하면서 동시에 TV 아침 종합 프로그램에서 내레이션을 쓰는 것입니다.

물론 방송 작가를 하면서 다른 일을 동시에 하는 것도 가능합니다. 방송 작가면서 소설가, 방송 작가면서 영화 시나리오 작가, 방송 작가면서 디제이, 평론가, 칼럼니스트의 일을 동시에 하고 있는 사람도 많습니다.

방송 작가는 이것이 다르다

작가는 글을 쓰는 사람입니다. 소설가, 시인, 수필가, 희곡 작가, 시나리오 작가 등등 자신의 일상, 상상, 생각, 주장을 글로 써서 발표하는 사람은 다 작가입니다. 꼭 문학작품이 아니어도, 스토리가 있는 글이 아니어도 사람들에게 읽히는 글을 쓰는 사람은 다 작가입니다.

그렇다면 방송 작가는 무엇일까요? 방송 작가는 당연히 방송을 위한 글을 쓰는 사람입니다. 드라마든 교양이든 예능이든 어떤 프로그램을 만들어내기 위해 기본이 되는 대본을 쓰는 사람이에요.

방송 글은 일반 글과는 다릅니다. 방송 글은 읽기 위해 쓰는 글이 아닙니다. 방송 글은 읽는 사람이 없습니다(프로그램 제작진이나 방송 대본을 공부하는 사람은 예외로 하고요). 듣는 사람만 있습니다. 즉 방송 작가는 글이 아니라 말을 쓰는 것입니다. 드라마에서 배우들이 하는 대사, 예능 프로그램에서 진행자가 하는 말들, 다큐멘터리 화면의 내레이션 등이 방송 작가가 쓰는 것입니다. 책을 읽을 때 얼마나 읽기 쉬운가,

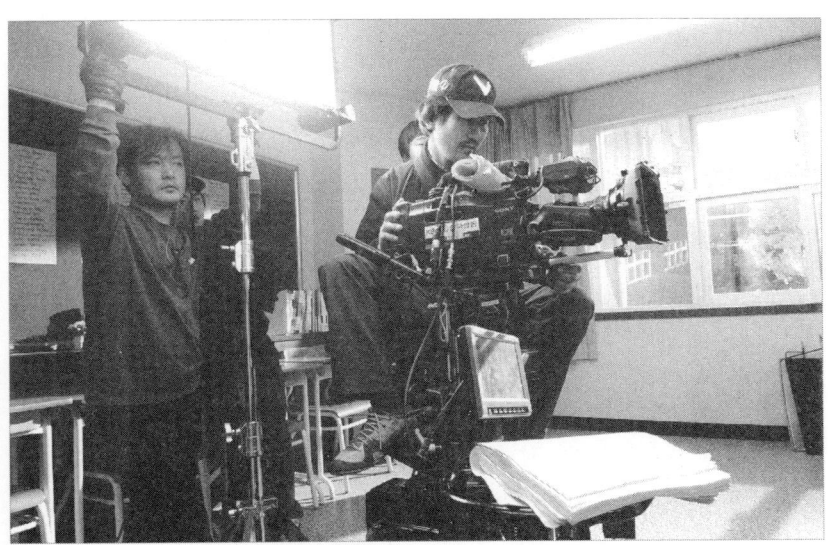

드라마의 실내 장면을 촬영 중인 카메라팀 (©백홍종)

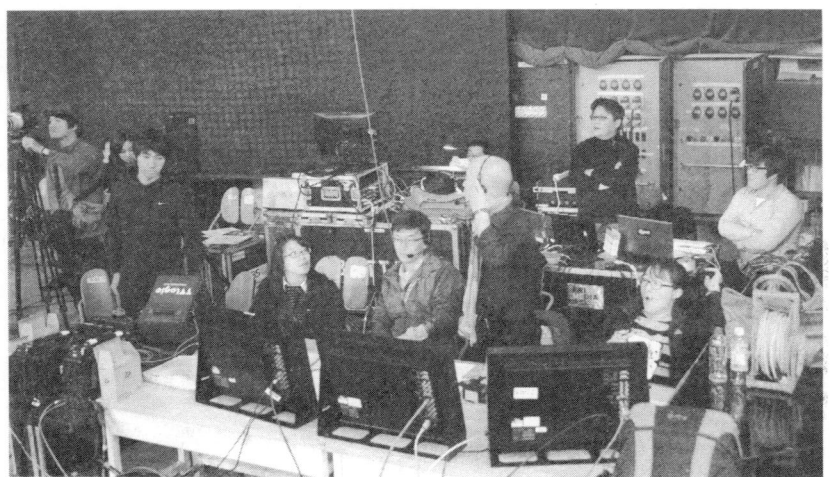

방송 장면을 체크하는 연출팀 (ⓒ백홍종)

얼마나 눈에 잘 들어오는가를 '가독성'이라고 합니다. 방송 대본은 가독성보다는 얼마나 말하기 좋은가를 따집니다. 소리 내보고, 말하기가 쉬운지, 발음이 꼬이지는 않는지 따져봅니다.

　방송 작가가 다른 작가와 다른 점 또 하나는 방송 작가에게는 '협업'이 중요하다는 것입니다. 본디 작가란 기본적으로 외로운 직업입니다. 작가라고 하면 책상 앞에 홀로 앉아 밤을 새우며 원고지 한 장을 썼다가 구겨버리고 또 한 장 썼다가 머리를 싸매고 괴로워하는 모습을 상상하는 사람이 많을 것입니다. 작품의 기획에서부터 마지막 마침표를 찍을 때까지 모든 것을 자신이 선택하고 결정하고 책임지지요. 글을 쓰는 일이란 누구도 도와줄 수 없는 나와의 외로운 싸움인 것입니다.

　그런데 방송 작가는 조금 다릅니다. 방송 글은 글을 쓰는 데서 끝나지 않아요. 그것을 기초로 프로그램을 만듭니다. 방송 프로그램 제작에는 수많은 사람들이 참여합니다. 감독, 피디, 출연자 외에도 연출팀, 카메라팀, 조명팀, 오디오팀, 특수촬영팀, 특수효과팀, 분장팀, 세트배경팀, 후반작업팀⋯⋯. 수십 명, 혹은 때에 따라서는 수백 명의 사람들이 프로그램 제작에 참여해요. 방송 작가는 이 모든 사람과 협업해야 합니다. 같은 공간에서 같은 일을 한다는 뜻이 아니라 같은 프로그램을 제작하는 사람들과 뜻과 마음이 맞아야 한다는 의미입니다.

그러니 방송 작가는 처음부터 끝까지 혼자서 쓰고 혼자서 책임지는 글쓰기를 하는 것은 아닙니다. 방송 대본은 내 작품이지만 나만의 작품인 것은 아니거든요. 다른 스태프들과 마찬가지로 방송에 작가로서 참여하는 것입니다. 그러니 글로 나의 주장을 하고 글에 내 감성을 드러내려면 무척 많은 사람을 설득해내야 합니다. 한마디로 내 마음대로 할 수는 없는 것이지요. 제작진을 설득하고 마음을 맞췄다 해도 더 큰 산이 기다리고 있습니다. 바로 시청자들입니다. 방송은 시청자를 염두에 두고 만들어집니다. 방송 작가는 나의 관심사나 나의 흥미보다는 시청자들의 요구와 관심사에 더 주목해야 합니다. 시청자가 보지 않는 방송 프로그램은 존속이 어렵기 때문이에요. 그래서 방송 글쓰기를 사회적 글쓰기 또는 대중적 글쓰기라고 합니다. 방송은 많은 사람이 보는 것이고 그런 면에서 대중성의 확보가 매우 중요합니다.

대중성이란 많은 사람이 좋아하고 공감할 만한 것이라는 뜻입니다. 대중성이 있으면 많은 사람이 보고 즐기니 만드는 사람 입장에서 상업적으로 도움이 됩니다. "그렇다면 나는 상업성은 포기하겠어. 돈은 못 벌어도 되니까 내가 하고 싶은 것을 할 거야"라고 생각하는 사람도 있을 것입니다. 그렇지만 그것 역시 마음대로 되는 게 아닙니다. TV와 라디오는 대중매체입니다. 많은 사람에게 대량으로 정보와 생각을 전달하는 도구입니다. 전달에는 전파가 쓰입니다. 전파라는 것은 일종의 공기 같은 것으로 내가 사용하고 있다고 해도 그것이 내 것이 되는 건 아니지요. 여러 사람이 함께 쓰고 여러 사람이 모두 권리를 가지고 있는 것입니다. 그러니 전파를 내 마음대로, 내 생각대로, 내가 원하는 대로만 쓸 수는 없지요.

방송이란 여러 사람의 공동 권리인 전파를 사용하는 것이니 여러 사람의 요구를 최대한 충족시키려 노력해야 할 의무가 있는 것입니다. 내가 마음대로 선택하는 것이 아니라 많은 사람이 즐기거나 많이 공감하거나, 공익에 도움이 되는 방송을 만드는 것, 이것이 바로 대중성의 정체입니다.

방송 글은 대중적이어야 하고 다른 글(소설이나 수필)은 그렇지 않아도 된다는 뜻이 아닙니다. 그렇지만 방송 작가는 상대적으로 더 대중적 글쓰기를 고민해야 합니다.

문어체와 구어체

방송 글은 구어체로 써야 한다는 말을 들어본 적이 있을 것입니다. 문어체와 구어체엔 어떤 차이가 있을까요? 문어체는 보는 글에 쓰이는 문체, 구어체는 읽는 글에 쓰이는 문체지만 반드시 그런 것은 아닙니다. 구어체로 글을 쓰는 소설가도 많습니다. 구어체란 사람이 말하는 보통의 말투로 글을 쓴다는 뜻이거든요.

1) 나와 너는 비슷한 점이 없다.

2) 나와 너의 유사한 점을 찾기란 쉬운 일이 아니다.

1) 오늘은 날씨가 매우 춥겠습니다. 노인과 어린이, 몸이 약하신 분은 밖에 나 갈 때 따뜻하게 입으세요.

2) 금일 기상청은 중부지방에 한파경보를 발령하고 노약자는 외부 활동에 주 의할 것을 당부했습니다.

1)이 구어체 2)가 문어체라는 것은 모두 알 수 있을 것입니다. 살펴보자면 구어체 는 쉽고 문어체는 상대적으로 어렵습니다. 구어체는 짧고 문어체는 상대적으로 깁니다. 구어체는 간결하고 문어체는 문장 구성이 복잡합니다. 꼭 그렇다는 것이 아니라 상대적으로 그렇다는 뜻입니다.

방송 대본을 구어체로 쓰는 이유는 그것이 소리가 되어 공중으로 사라지기 때문 입니다. 글은 잘 이해하지 못했으면 다시 읽으면 됩니다. 문장이 복잡하고 어려우 면 천천히 읽으면 되고요. 그렇지만 말은 그럴 수 없습니다. 잘못 알아들었다고 방 송에 대고 다시 말해달라고 할 수 없잖아요? 그래서 방송은 짧고 쉽게 말해야 합 니다. 한 문장이 너무 길면 뒷부분을 말하고 있을 때 앞부분을 잊게 될 수도 있으 니까요. 문장이 길면 문장의 주어가 뭐였는지도 잊어버릴 수 있습니다. 그래서 방 송 글은 쉽고 짧게 간결하게 구어체로 씁니다.

무엇이든 하고 어디든 간다

방송에서는 다루지 않는 일이 없습니다. 세상의 모든 일이 방송 아이템이 되거든요. 방송 작가로 일하면 자연스럽게 팔방미인이 됩니다. 사건 사고를 파헤치다가 부부문제 해결책도 찾아보다가 동물박사를 만나기도 합니다. 아기 돌보는 법도 배우고 살림의 지혜를 찾아다니기도 하지요. 강아지 고양이에 대해 잘 알게 되고 숨겨진 역사에 대해서도 배우게 됩니다. 방송 작가는 일상이 곧 자료 조사와 아이템 찾기이므로 세상 일 구석구석 모르는 것이 없답니다. 또 안 가는 데가 없어요. 여객선이 닿지 않는 섬에도 가고 교도소 담장 안으로도 들어가고 연예인 연습실, 프로선수들 대기실, 수술실, 지하작업장…… 궁금하긴 하지만 보통 사람들이 들어가기 힘들었던 곳을 작가는 가볼 수 있습니다. 그게 일이니까요.

몰랐던 것을 알게 되고 새로운 곳을 찾아다니며 많은 사람을 만나면서 작가는 경력과 실력을 쌓습니다. 이미 알고 있었던 것도 다른 사람의 입장에서 새로운 시각으로 바라볼 수 있게 되니 생각도 더 유연해지지요. 각계각층의 사람들을 만나면서 간접적으로 인생 공부도 할 수 있고요.

방송 작가는 일을 하면 할수록 더 일을 잘하게 됩니다. 여러 프로그램을 거치면서 모아왔던 자료들, 전문가들의 연락처, 기관의 인맥들…… 그것들이 곧 작가의 보물 상자가 됩니다. 작가는 시간이 지날수록 스스로 성장하는 것이 보이고 더 나은 사람이 되는 것이 보이는 직업입니다.

하나의 직업으로 20년, 30년을 보냈다면 그 후에 어떤 일을 할 수 있을까요? 다른 직업으로의 전업이 쉽지는 않을 것입니다. 그렇지만 방송 작가는 새로운 일을 시작할 때 '방송 작가 출신'이라는 명함이 큰 발판이 됩니다. 방송 일을 오래 하면 인맥이 생깁니다. 일하며 만났던 사람, 취재했던 사람이 다 인맥이에요. 또한 인맥이 어느 한 곳으로 편중되지도 않습니다. 의사, 형사, 법조인, 예술가, 연예인, 운동선수 등 각계각층에 모르는 사람이 없게 되지요.

방송 일을 하면 대중적인 감각이 생깁니다. 대중의 마음을 읽는 능력이라고 할까요? 사람들이 무엇을 원하는지 무엇을 모르고 무엇을 알고 싶어 하는지 어떤 것을 좋아하고 또 싫어하는지 감각이 생긴다는 뜻입니다. 이 감각은 어떤 일을 하든 무척 중요합니다. 물건이나 서비스를 팔 때 사람의 마음을 안다는 것은 성공을 보장하는 것과 다름없거든요.

방송 작가는 프리랜서이기 때문에 방송 일을 하면서 다른 일도 병행할 수 있습니다. 실제로 방송과 출판을 병행하는 작가들도 많습니다. 방송을 하면서 알게 되었던 것, 공부했던 것을 다시 책으로 만들거나 다른 영상매체로 만들기도 합니다. '원 소스 멀티 유즈'인 것이죠.

방송 작가 출신의 시나리오 작가나 뮤지컬 작가도 많습니다. 노래 가사를 쓰기도 하고, 어떤 단체의 기획 담당자가 되기도 합니다. 공연, 콘서트의 기획과 구성 전문가로 나서기도 하지요. 모두 방송에서의 경험, 쌓아온 실력이 바탕이 된 일입니다.

방송 작가라는 직업

그렇다면 지금 일하고 있는 방송 작가는 얼마나 될까요? 방송 작가라는 직업을 가진 사람이 정확히 몇 명이라고 말하기는 어렵습니다. 직업이 방송 작가지만 지금은 쉬고 있는 작가도 많고, 방송 일을 하지 않은지 한참 된 작가들도 많습니다. 방송 작가가 직업이지만 방송 일 이외에 다른 일을 겸하는 사람은 더 많고요. 방송 작가이면서 소설도 쓰고 대학교 강사이기도 하고 작가이면서 연기자인 경우도 있습니다.

한국방송작가협회에 따르면 2017년 3월 현재 공중파 3사를 비롯해 케이블 TV와 외주 제작업체 프로덕션 등에서 활동하고 있으며 협회에 가입되어 있는 방송 작가는 3,051명입니다. 이 숫자는 협회에 가입한 작가들의 수입니다. 가입되지 않은 작가들까지 포함하면 만 명을 넘을 것으로 보입니다. 게다가 예전 어느 때에 방송 작가로 활동했지만 지금은 쉬고 있거나 다른 직업으로 전업한 경우까지 합치면 그 수는 훨씬 많아질 테고요.

한국방송작가협회에 소속되어 있는 작가만 보면 드라마 작가는 579명, 라디오 500명, 예능 636명, 외화 번역 작가는 102명, 구성다큐 1,234명입니다(한국방송작가협회 자료, 2017년 03월 현재).

직업의 세계는 날로 변합니다. 그러니 직업을 선택할 때는 내가 원하는 직업이 미래에 어떤 모습을 가지게 될지도 살펴야 합니다. 방송 작가라는 직업의 전망은 어떨까요?

몇 년 사이 방송 시장은 폭발적으로 확장되었습니다. 시청자 입장에서도 피부로 느낄 수 있어요. 일단 채널의 수가 엄청나게 늘었지요. 당연히 프로그램 개수도 비교할 수 없을 만큼 늘었고요. 2000년대 이전까지만 해도 방송사는 지상파 3사밖에 없었습니다. 채널이 서너 개뿐인 TV를 지금은 상상할 수 없지만요. 그러다 케이블 TV가 생겼습니다. 물론 처음에는 자체 제작 프로그램이 얼마 없었지요. 지상파의 방송을 구입해 종일 재방송만 해주기 일쑤였습니다. 하지만 이제는 대부분의 케이블과 종편이 자체 제작한 프로그램을 방송합니다. 방송시간도 24시간입니다. 채널이 늘어나고 방송시간이 늘어나고 프로그램도 늘어났습니다. 당연히 방송 작가의 일자리도 늘어났습니다.

방송사가 많이 생기면서 양적으로도 일자리가 늘어났지만 방송이 다양해졌다는 데 더 큰 의미가 있습니다. 게임 전문채널도 생겼습니다. 종일 게임을 중계합니다. 낚시, 바둑 채널이 생긴 지는 이미 오래 되었고, 반려동물 전문채널도 있습니다. 강아지가 뛰어노는 영상과 음악을 제공해서 반려견이 함께 보며 즐깁니다. 이는 더 다양한 사람들, 특별한 취미나 특기를 가진 사람이 방송이라는 분야에서 일할 수 있는 기회가 열렸다는 뜻입니다. 방송 작가의 세계가 더 넓어진 거예요.

2000년대 〈겨울연가〉로 시작된 방송 한류 이후 우리나라 방송은 획기적인 전기(轉機)를 맞았습니다. 한류의 시작을 1990년대 〈사랑이 뭐길래〉로 보기도 합니다. 어쨌든 드라마로 시작된 방송 한류는 이제 예능 프로그램으로도 확대되었습니다. 처음에는 중국, 일본, 동남아시아의 아시아권에서만 인기를 얻었지만 지금은 유럽과 북미와 남미 할 것 없이 그야말로 전 세계적으로 방송 한류가 뻗어나가고 있습니다.

프로그램이 직접 수출되어 엄청난 시청률을 올리고 우리나라의 배우와 가수가 외국에서도 큰 인기를 얻습니다. 더욱 고무적인 것은 프로그램의 수출에서 끝나는 것이 아니라 프로그램의 형식 자체가 수출되기도 한다는 점입니다. 우리나라의 프로그램과 똑같은 포맷의 프로그램이 다른 나라에서 방송되는 것인데요. MBC 〈아빠 어디 가〉라는 프로그램이 인기를 얻자 같은 형식, 즉 아빠가 아이를 데리고 여행을 떠나는 형식을 그대로 딴 방송이 중국에서 방송되어 큰 인기를 얻었습니다. 그 뿐이 아닙니다. KBS의 〈1박2일〉과 〈불후의 명곡〉, MBC의 〈나는 가수다〉, JTBC의 〈히든 싱어〉의 포맷도 중국에 팔렸지요.

방송 한류는 처음에는 프로그램의 직접 수출, 그다음은 포맷의 진출, 그리고 그다음에는 인력의 진출로 나아가고 있습니다. 우리나라의 피디와 작가가 직접 다른 나라로 가서 그 나라 제작진과 함께 프로그램을 만드는 거예요. 이름난 예능 작가들은 이미 중국에 진출해서 현지에서 방송 프로그램을 만들고 있습니다. 드라마 작가들이 해외 방송사와 계약해 그쪽에서 원하는 드라마를 집필하기 시작한 것도 오래된 일이고요. 방송 작가에게 해외라는 넓은 시장이 열린 것입니다.

사회가 복잡해질수록 소통의 중요성은 커집니다. 그렇지만 사람과 사람이 직접 만나는 것은 줄어드는 추세인데요. 소통의 욕구는 커지는데 직접 만나 소통하기는 어려운 사회가 된 것입니다. 그래서 미디어가 더욱 중요해집니다. 인터넷 방송 등 1인 미디어가 발달하는 것도 그 때문이라고 볼 수 있고요. 사회가 변화하는 방향을 살펴보아도 방송 작가의 직업 전망은 밝은 편입니다.

방송 작가의 전망을 말할 때 다른 직업으로의 전업이 쉽다는 점도 짚고 넘어갈 수 있어요. 방송 작가의 경력은 다른 일에도 도움이 됩니다. 많은 사람들과 협업한 경험도 있고, 방송 글을 썼다는 것은 그만큼 대중성 있는 글을 써왔다는 의미이기 때문입니다. 방송은 가장 발 빠르게 트렌드를 흡수하는 곳입니다. 방송은 지금 여기서 어떤 것들이 사람들에게 관심을 받는지, 무엇이 유행인지, 어떤 말과 생각이 넓게 퍼져 있는지 가장 잘 알고 있는 곳이라 할 수 있습니다. 방송은 시대의 변화에 민감합니다. 그러니 방송 작가로 일하면 시대에 뒤떨어질 일은 없지요.

　방송 작가들의 시대와 문화의 조류에 민감한 점을 꼭 필요로 하는 곳이 많이 있습니다. 출판업계도 방송 작가의 책 쓰기를 환영합니다. 노래 가사를 만드는 작사가가 되기도 하지요. 웹 소설을 쓰거나 웹진 필자가 되기도 합니다. 또는 방송 작가와 그 모든 일을 겸업하기도 해요.

방송과 방송 작가

방송은 힘이 세다

방송 작가뿐 아니라 방송을 직업으로 하는 사람들이 이구동성으로 하는 말이 있습니다. 방송이 가지는 가장 큰 매력은 사람들에게 미치는 방송의 영향력에 있다고요. 방송 작가로서의 책임감도 그 부분에서 나옵니다.

방송은 굉장히 힘이 셉니다. 어떤 식품이 몸에 좋다는 이야기가 방송에 한 번 나오면 마트에서 그 식품이 동이 나고, 연예인이 방송에 입고 나온 옷이나 액세서리는 판매량이 늘어납니다. 여러 식당이 간판에 '방송에 나온 곳'이라고 홍보하는 것도 그런 이유입니다.

그러나 방송이 가지는 힘은 단순히 어떤 물건이 잘 팔리고 무엇이 유명해지는 것 이상입니다. 물건이 팔리는 것은 일시적이고 금세 꺼지는 거품일 수 있습니다. 방송은 보다 장기적으로 어떤 변화를 만들어냅니다. 환경 다큐멘터리 하나가 환경 법안을 만들어내기도· 합니다. 어떤 사

일본에 한류(韓流) 열풍을 불러일으킨 기폭제가 된 대표적인 드라마 〈겨울연가〉에서 유진과 준상이 3년 만에 재회하는 외도. 드라마 이후 유명 관광지가 되었다. (by Steve46814ⓒWikimedia Commons)

법적인 판단을 놓고 줄기차게 문제를 제기하고 오랜 기간 탐사보도를 한 결과 재심 결정을 이끌어낸 일도 있습니다. 드라마가 동성애, 주부파업, 황혼이혼 등을 다루고 나서 그 주제가 우리 사회에서 더 활발히 논의되기도 합니다. 방송은 유행을 만들고, 화제의 중심으로 들어갑니다.

방송은 세상을 보여주는 창입니다. 넓은 창으로 세상을 멀리 크게 보여주기도 하고, 돋보기처럼 아주 작은 것을 크게 확대해 보기 쉽도록 해주기도 합니다.

방송은 좋은 쪽으로 세상을 바꿀 수 있습니다. 물론 따지고 보면 그것은 방송이 해내는 일이 아니라 시청자들이 해내는 일입니다. 방송은 관심이 필요한 곳에 조명을 비추는 역할을 합니다. 어두워서 잘 안 보였던 부분, 너무 멀리 있어 안 보였던 부분에 방송이 조명을 환히 켜두면 사람들이 그걸 보고 관심을 가집니다. 그래서 법을 바꾸라고 요구하거나 도움의 손길을 보낸다거나 문제 해결 방법을 같이 고민하는 일들을 하는 겁니다.

또한 방송은 쉽게 즐길 수 있는 오락입니다. 언제 어디서든 전원만 켜면 다양한 재미를 보여줍니다. 밥을 먹으면서 온 가족이 앉아 함께 즐거운 시간을 보낼 수 있습니다. 나이 어린 손자와 할머니가 공통 화제를 가지고 이야기할 수 있습니다. 혼자 사는 사람에게도 방송은 친구가 되어줍니다. 재미있는 이야기를 해주고 멋진 그림을 보여줍니다. 이처럼 사람들은 방송을 통해 정보를 얻고, 즐거움을 얻고, 생각할 거리를 얻습니다.

작가의 일터는 방송국

작가는 방송국에서 일합니다. 일하는 공간이 방송국입니다. 물론 방송국으로 날마다 출근한다는 뜻은 아닙니다. 집에서 또는 개인 집필실에서 일하는 작가도 많거든요. 방송 작가는 방송국과 계약하고 일한 결과물이 TV로 또는 라디오로 방송된다는 의미에서 방송국에서 일한다고 하는 것입니다.

방송국이라고 하면 우선 우리가 알고 있는 KBS, MBC, SBS, EBS가 있습니다. 이들 방송국을 지상파 혹은 공중파 방송국이라고 하는데요. 방송은 기본적으로 전파를 이용합니다. 전파는 전기의 파동이잖아요?

여의도에 있는 KBS 본부 (©백홍종)

서울특별시 영등포구 여의도 사옥 시절의 문화방송 (©Wikimedia Commons)

소리와 빛도 모두 파동이고요. 소리와 빛이 파동을 타고 공기 중으로 퍼져나가 전달되는 것처럼 전파도 파동으로 아무 것도 없는 공간을 통과해 전달됩니다. 휴대전화로 친구와 통화를 하고 TV를 보고 라디오를 듣는 것은 모두 내 주변에 전파라는 것이 전달되고 있기 때문입니다. 우리가 공중파 또는 지상파라고 부르는 방송국은 이런 전파를 사용합니다. 공중으로(그리고 지상으로) 전파를 지속적으로 내보내 정보를 전달하는 일을 하지요.

그런데 지상파 방송 외에 케이블 방송국도 있습니다. YTN이나 OCN, 투니버스 등은 케이블 방송국입니다. 지역마다 지역 케이블 방송사가 있기도 합니다. 케이블(cable)은 전선이라는 뜻입니다. 전파는 공중으로 날아가지만 도심에 빌딩이 많거나 산간벽지여서 높은 산이 가로막으면 날아가는 전파가 방해를 받습니다. 가다가 부딪히는 것이 많으니까요. 그래서 케이블, 즉 선을 연결해서 그 선을 통해 방송 프로그램을 보내는 일을 하는 방송국이 생긴 것입니다. 사실 케이블 TV는 TV가 잘 안 나오는 난시청 지역의 문제를 해결하기 위해 만든 것인데요. 이제는 더 좋은 품질의 방송, 더 많은 채널의 시대를 케이블 TV가 만들고 있습니다. 우리나라에서는 1995년 3월 1일부터 케이블 TV 시대가 본격적으로 시작되었고, 현재 60여 개의 케이블 방송사가 있습니다. 케이블 방송사에서는 자체적으로 프로그램을 만들기도 하고, 공중파에서 방송한 프로그램을 구매하여 자신들의 채널에서 방송하기도 합니다.

방송 작가가 일하는 곳은 방송국 외에 프로그램 제작사가 있습니다. 제작사에서는 방송국과 똑같이 방송 프로그램을 제작합니다. 단 송출, 즉, 그 프로그램을 방송으로 내보내는 일은 방송사에 넘겨줍니다. 말하자면 물건은 만드는데 그 물건을 진열하고 파는 일은 백화점에 넘겨주는 것과 비슷하다고 볼 수 있어요.

우리나라는 1990년에 방송사에 외주제작 의무편성 정책이 도입되었습니다. 즉 방송국에서 자체적으로 만든 프로그램을 방송하기도 하지만 이렇게 외부의 프로그램 제작사에서 만든 것을 구입해서 방송하도록 하는 것을 의무로 정했다는 뜻입니다. 현재 지상파 방송 프로그램의 40퍼센트 이상이 외주제작입니다. 이런 의무규정을 만든 것은 소규모의 독립제작사를 보호하고 육성하기 위해서인데요. 거대 방송사가 일방적으로 만들어내는 프로그램만 볼 것이 아니라 작지만 더 많은 회사에서 더 다양한 내용으로 만드는 프로그램을 볼 기회를 시청자들에게 많이 제공하려는 정책입니다. 현재 등록된 방송 제작사 수는 300여 개에 이릅니다. 〈프로듀사〉, 〈오 나의 귀신님〉을 만든 ㈜초록뱀 미디어, 〈슈퍼맨이 돌아왔다〉, 〈위기탈출 넘버원〉 등을 제작하는 ㈜코엔미디어 등이 대표적인 외주제작사입니다.

이처럼 방송 작가들이 일하는 곳은 수도 많고 종류도 다양하지만 방송 작가에겐 일하는 곳이 중요하지 않아요. 어떤 방송국에서 일하느냐가 아니라 어떤 프로그램을 만드느냐가 훨씬 더 중요합니다. 프로그램을 만들어서 KBS에서 방송할 수도 있고, JTBC에서 방송할 수도 있습니다(물론 KBS 방송국에서 만든 건 KBS에서 방송하지만요). 애니메이션을 만들면 지상파에서도 방송하고 동시에 애니메이션 전문 채널에서 방송하기도 합니다. 어제까지 SBS에서 일했는데 오늘부터는 MBC로 출근하기도 하고요. 심지어 방송사 두 곳에서 동시에 일하기도 합니다. 방송 작가는 방송사에서 일하지만 방송사의 직원은 아니기 때문입니다. 왜

나고요? 방송 작가는 대부분 프리랜서니까요.

프리랜서에게 있는 것과 없는 것

프리랜서란 일정한 직장, 회사에 소속되어 있는 것이 아니라 자유로운 계약에 의해서 일하는 사람들을 말합니다. 특정한 일을 그때그때 계약해서 합니다. 소설가, 시인 등의 작가는 당연히 프리랜서죠. 음악가, 연출가, 배우 등 예술 관련 활동을 하는 사람들도 프리랜서입니다.

방송 작가 외에도 방송국에서 일하는 사람들 가운데엔 프리랜서가 많습니다. 대부분의 출연자들이 다 프로그램과 계약을 맺어 일하는 프리랜서이고, 연출팀이나 리포터 등도 프리랜서로 활동하지요. 피디나 기자는 회사에 소속되어 있는 사람도 있고, 프리랜서로 일하는 사람도 있습니다. 방송사 소속 피디는 방송사에서 월급을 받고 방송사에서 발령 내는 프로그램에서 일합니다. 하지만 프리랜서 피디는 방송사와 프로그램별로 계약합니다. 일정 금액을 받고 계약 내용대로 프로그램을 만들어 그것을 방송사에 납품하는 형식인 거죠. 분쟁전문 피디나 다큐멘터리 피디 중에는 프리랜서 피디들이 많습니다.

방송 작가는 프로그램과 계약합니다. 편당 원고료를 계약하고 원고를 언제까지 어떤 형식으로 인도하는지 등을 계약하는 거예요. KBS 방송국에서 일한다 해서 KBS 직원인 것은 아닙니다. 그러니 직원의 권리와 의무에서 자유로워요. 언제든지 그만둘 수 있지만 동시에 언제든지 해고당할 수도 있습니다. 자유로운 대신에 불안정하지요. 왜냐하면 프리랜서 방송 작가에게는 '없는' 게 참 많거든요.

월급이 없다 ⇨ 프로그램에 따라서 편당 원고료를 받습니다. 일을 많이 하면 많이 받을 수 있고, 적게 하면 적게 받습니다.

승진이 없다 ⇨ 대리, 과장, 부장 등의 직책이 없고 승진도 없습니다. 경력과 실력이 쌓이면 편당 원고료를 높게 받을 수 있습니다.

퇴직이 없다 ⇨ 몇 살까지 일할 수 있다는 퇴직 연령이 따로 없습니다.

출퇴근 시간이 없다 ⇨ 언제 어디서 일을 하든 약속된 시간까지 맡은 일을 다하면 됩니다. 방송사로 출근하는 이유는 방송사에서 근무하는 다른 사람들과 협업해야 하는 일이 많기 때문입니다. 물론 다른 곳에서 만나서 일해도 상관없습니다.

자기 자리가 없다 ⇨ 회사에 정해진 자기 자리나 책상이 없습니다. 꼭 필요한 경우라면 프로그램 내부적으로 자리를 만들어주기도 합니다.

휴일·휴가가 없다 ⇨ 휴일이나 휴가가 따로 정해져 있지 않습니다. 본인 일정에 맞춰 가능한 요일에 쉴 수 있어요. 몇 달씩 휴가 가는 것도 가능합니다. 일을 쉬는 것은 본인 마음입니다. 방송 요일에 따라 공휴일이 가장 바쁠 수도 있고 일주일간 명절 연휴라 해도 그 연휴가 제일 바쁠 수도 있습니다. 대신 평일이어도 한가할 수 있습니다.

노조가 없다 ⇨ 직원이 아니므로 노조를 결성할 수 없습니다. 대신 방송 작가의 권익단체인 방송작가협회가 있어 도움을 받을 수 있습니다.

정말이지 프리랜서는 '없는' 게 참 많군요. 명절에 선물도 없고 일을 그만두어도 퇴직금이 없습니다. 일을 그만두고 싶으면 언제든 그만둘 수 있지만 그만두고 싶지 않아도 프로그램이 없어지면 원하지 않는 백수가 됩니다. 그렇다면 프리랜서 신분에는 나쁜 점만 있을까요?

프리랜서의 가장 좋은 점은 '자유'입니다. 이름에도 '프리'가 붙어 있잖아요? 사실 일을 자유롭게 할 수 있다는 것은 정말 큰 매력입니다. 더구나 실력이 있다면 자신을 찾는 사람이 엄청 많아질 테고, 하고 싶은 일만 골라서 할 수 있지요. 같이 일하는 사람이 마음에 들지 않거나 프로그램의 콘셉트가 마음에 들지 않으면 거절할 수 있습니다. 반대로 자신이 정말 하고 싶은 프로그램을 기획해서 방송사에 제안할 수도 있지요.

하고 싶은 일만 할 수 있다는 것은 굉장한 장점입니다. 하고 싶지 않아도 회사에서 시키면 어쩔 수 없이 하게 되는 일이 엄청 많으니까요. 대부분의 직장인이 그 때문에 스트레스를 받고요. 또한 같이 일하는 동료 또는 상사와 얼마나 잘 맞느냐 하는 점도 일의 만족도에 큰 영향을 끼칩니다. 관계가 힘들면 거기서 오는 스트레스가 엄청나거든요. 프리랜서로 일하면 같이 일하는 사람을 선택할 수 있으니 이 또한 큰 매력 포인트입니다.

프리랜서는 시간을 자유롭게 쓸 수 있습니다. 며칠간 잠도 줄여가며 하루에 열여덟 시간씩 일에 몰두할 수 있고, 아무 일도 안 하고 며칠씩 쉴 수도 있습니다. 또는 프로그램을 맡지 않고 한 달 정도 해외여행을 간다거나 다 정리하고 다른 곳에 가서 몇 달 동안 살다 온다거나 하는 일이 가능합니다. 그렇게 쉬는 시간을 재충전의 시간으로 쓸 수 있답니다. 일반 직장인이라면 직장을 완전히 그만둘 결심을 하기 전에는 불가능한 일이지요.

42

프리랜서는 오직 실력으로만 승부한다는 장점이 있습니다. 다른 요소들보다는 본인의 능력대로 평가를 받는 것이 프리랜서의 세계입니다. 냉정하기도 하지만 정확합니다. 실력을 키우고 일을 잘하면 어떤 다른 약점이 있다 하더라도 일에는 영향을 받지 않습니다. 직업의 세계에서는 실력으로 평가받는 것이 가장 중요합니다. 수입에도 큰 영향을 미치고요. 요즘은 일반 회사에서도 개인별로 연봉협상을 합니다만, 같은 직급이라면 대부분 비슷한 연봉을 받거든요. 그러나 프리랜서의 수입은 천차만별입니다. 방송 작가로서 일을 많이 하고 또 일을 잘하면 어떤 전문직 못지않은 높은 수입을 올릴 수 있습니다.

공채 작가나 회사의 직원 신분인 작가도 있나요?

유명 작가의 이력을 보면 'KBS 공채 수석'이라느니 'SBS 공채 몇 기'라고 적어놓은 것이 종종 눈에 띕니다. "모든 작가가 프리랜서라고 들었는데 공채제도가 있나?" 하는 의문이 들 것입니다.

80년대, 90년대에는 쇼 오락부분 공채, 교양 부분 공채제도가 있었습니다. 코미디 작가, 교양 작가로 나누어 작가 공채를 했는데요. 1년에 한 번 정도 했고, 공채 1기, 공채 2기 하는 식으로 나누었습니다.

공채는 이력서를 보는 서류전형과 면접, 실기로 이루어졌는데요. 실기에서는 제한된 시간에 실제로 코미디물이나 교양물을 구성해서 제출했습니다. 물론 방송사마다 조금 차이는 있었고요.

그렇다면 그때 공채되었던 작가들은 어떤 식으로 활동했을까요? 공채 작가들은 1년 동안 방송사 소속 작가로서 연수를 받습니다. 연수란 공부하는 기간입니다. 경험이 많이 없으니 프로그램을 돌아다니며 막내 작가 생활을 하며 작가의 일을 배우는 것입니다. 그 기간 동안에는 방송사에서 월급 형식으로 작가료를 받습니다.

그 후에는 정규직 작가로 채용되었을까요? 그렇지 않습니다. 연수 후에 프로그램에 배치되긴 하지만, 그 이후의 과정은 다른 작가들과 마찬가지입니다. 프로그램에서 일을 하고 실력이 좋으면 서브 작가가 되거나 다른 프로그램으로 옮겨갔습니다. 프로그램에서 원하고 작가 스스로도 원하는 경우에만 계속 일을 했지요.

공채 작가의 연수기간이 끝나고 공채 작가와 프리랜서 작가가 함께 일한 기간이 있었지만 대우나 보수가 다르지는 않았습니다. 공채 작가라고 해서 방송국에서 일하는 다른 프리랜서 작가와 지위가 전혀 다르지 않았던 거죠. 공채가 없어진 이유는 바로 거기에 있다고 봅니다. 공채라는 제도가 계속되려면 공채된 작가로서의 정규직 지위가 보장되어야 하는데 그렇지 않았으니까요. 물론 공채는 일단 방송사 차원에서 한 번의 검증을 거친 작가라는 의미가 있기 때문에 공채 작가들의 활동은 활발했습니다.

지금은 공채제도가 없어졌습니다. 90년대 중후반을 거치면서 완전히 사라졌습니다. 지금 활동하고 있는 경력 작가들 중에는 공채 출신이 있습니다만, 새로 작가가 되는 경로로서 공채는 없다고 보면 됩니다.

그런데 예외적으로 제작사의 직원으로 일하는 작가도 있습니다. 소규모 제작사의 경우 프로그램마다 작가를 따로 구하기보다 회사 소속 작가를 두고 회사에서 진행하는 프로그램 모두에 두루두루 활용하기도 합니다. 이런 시스템을 가진 제작사가 많지는 않습니다만, 회사 소속 작가는 새 프로그램 기획도 하고 현재 제작되고 있는 프로그램의 구성도 하고 여타의 회사 업무도 하는 등 많은 일을 합니다. 작가료는 프로그램 회별 원고료가 아닌 월급처럼 받습니다. 이런저런 일을 함께 하니까요. 그러니 직원처럼 출퇴근을 해야 하는 것도 당연합니다. 여러 가지 경험을 쌓을 수 있고, 일도 안정적이라는 측면에서는 이런 제작사 정규직 작가를 선호하기도 합니다.

한국방송작가협회

여러 번 말했듯이 방송 작가는 프리랜서입니다. 한 명 한 명이 개인사업자입니다. 노조도 없습니다. 그런데 방송 작가는 수많은 사람과 함께 일을 하죠. 그러니 방송 작가들도 작가의 입장에서 서로 의논할 일이 있고 힘을 합쳐 대응해야 할 문제가 생길 수도 있습니다. 서로 친목을 다지는 일도 중요하고요.

우리나라에는 방송작가협회라는 조직이 있습니다. 가수협회, 배우협회처럼 프리랜서들은 대부분 자신들의 협회를 가지고 있답니다. 방송작가협회는 1957년 12월 방송 작가들의 친목단체로 출발했다고 하니 역사도 오래 되었지요? 방송작가협회 설립 목적에는 "방송 작가의 저작권을 비롯한 제반 권익을 보호하고 방송문예의 향상 및 상호교류를 통한 문화 창달에 기여함을 목적으로 합니다"라고 쓰여 있습니다.

그런데 '저작권을 비롯한 제반 권익을 보호'한다는 건 무슨 뜻일까요? 창작자들에게 저작권 문제는 아주 중요합니다. 저작권이란 내가 쓴 글, 내가 만든 작품은 내게 권리가 있다는 뜻인데요. 내가 쓴 글로 책을 내거나 비슷한 내용으로 영화를 만들려면 반드시 내 허락이 필요합니다. 전부가 아니라 일부분만을 쓰거나 그대로가 아니라 조금 변형해서 쓰는 경우도 마찬가지예요. 어떤 형식으로 쓰든 내 허락도 받아야 하고 합당한 대가도 지불해야 합니다. 그 합당한 대가라는 것은 매번 당사자와 계약을 해서 정합니다. 그런데 이 부분이 참 복잡합니다. 2차 저작권이니 송출권이니 독점적 지위니 하는 복잡하고 어려운 말들이 계약서에 등장하거든요. 이때 협회에서 도움을 줄 수 있습니다. 다른 사람들은 어떻게 계약하는지 기본 계약서 틀을 제시해주기도 하고 매 사안마다 상담해주기도 합니다. 작가들의 저작권을 최대한 보호하기 위해 도와주는 역할을 하죠. 경우에 따라서는 법적인 문제가 발생할 수도 있는데 이때도 협회가 큰 역할을 합니다. 방송작가협회는 저작권에 대해 전문적인 지식과 많은 경험을 가지고 저작권을 대행해주는 것입니다.

저작권은 재방송을 할 때도 발생되는데요. 요즘은 같은 채널에서 재방송되는 것 외에 다른 채널에서도 몇 번이고 재방을 볼 수 있습니다. 심지어 십 년 이상 지난 방송까지도 재방되고 있어요. 인터넷, 케이블, IP TV 등 새로운 방송 매체들이 많이 생겨서 그렇습니다. 그렇다고 자신이 참여했던 방송 프로그램이 언제 어디서 재방송되는지 늘 감시하고 있을 수는 없잖아요? 그러니 방송을 내보내는 쪽에서도 일일이 작가와 연락하지 않고 협회를 통해 재방료를 지급하는 식으로 처리합니다.

작가들은 노조가 없기 때문에 원고료나 작업 환경 개선 문제에 방송국과 개별적으로 협상할 수밖에 없습니다. 방송국은 거대 시스템이고 작가는 개인일 뿐이니 협상이 불리하지요. 이럴 때도 협회가 나서줍니다. 작가들의 처우를 개선하기 위해 방송사들과 계약 당사자로서 협상하고 매년 원고료 협상을 대행합니다. 물론 원고료는 작가 개인이 프로그램과 계약하는 것입니다. 협회는 최저 고료, 즉 "이것보다 더 적게 원고료를 줄 수는 없다"라는 방침을 방송사와 정합니다. 시간당 최저 임금을 정부가 정하는 것과 비슷해요.

그 외 회원들의 건강검진 등 복지사업도 하고 각종 세미나도 열고 도서 출판도 하고요. 작가들의 소모임을 지원하는 역할도 합니다. 협회를 통해 다양한 인적교류가 일어나지요. 또한 협회를 통해 프로그램에서 작가를 구하기도 하고 작가가 자신이 일할 곳을 찾기도 합니다.

협회에서는 방송 작가 교육원을 운영합니다. 방송사마다 작가 아카데미가 존재하고, 방송 작가를 양성하는 평생교육시설도 많지만 협회에서 운영하는 교육원은 다양한 공모전에서 수상자를 내는 것으로 유명합니다.

그런데 방송작가협회에는 아무나 가입할 수 있는 것이 아닙니다. 일단 방송 작가로 활동을 해야 가입할 수 있는 것은 당연하고요. 그런데 그 자격 기준이라는 것이 엄격합니다. 한두 번 잠깐 동안 방송 프로그램에서 일을 했다고 해서 자격이 생기는 것이 아니거든요. 작가는 프리랜서여서 몇 달 정도 방송 일을 하다가 다시는 다른 방송 작품을 하지 않을 수도 있습니다. 찾는 사람이 없어서 못하는 경우도 있고요. 잠깐 일했다가 그만둔 작가의 경우 직업이 방송 작가라고 말할 수 있을까에 대해 여러 의견이 있을 수 있겠지만 여하튼 협회에서는 장르에 따른 다양한 입회 규정을 마련해두고 있습니다.

드라마: 60분물 기준의 단막극, 특집극을 2편 이상, 또는 미니시리즈, 연속극을 1편 이상 집필 활동한 방송 작가

라디오: 라디오 분야에서 4년 6개월 이상 집필 활동한 방송 작가

구성·다큐: 구성·다큐 분야에서 메인 작가 1년을 포함한 4년 이상 집필 활동한 방송 작가

예능: 예능 분야에서 5년 이상 집필 활동한 방송 작가

외화번역 부문: 30분물 기준의 외화 20편 이상을 번역하고 3년 이상 집필 활동한 방송 작가

이상에서 볼 수 있듯이 입회 기준이 무척 까다롭습니다. 입회하려면 조건을 만족했다는 증빙 자료가 필요하고, 기존 정회원 3인의 추천도 필요하답니다.

2장

드라마 작가
뜯어보기

방송의 꽃 드라마

누가 나오느냐, 누가 쓰느냐

"방송의 꽃은 드라마다"라는 말이 있습니다. 우리나라 사람들이 가장 쉽게 즐기는 오락물은 TV 드라마입니다. 한 해 동안 국내에서 제작된 드라마가 100편이 넘는다고 하니, 말 다했죠? MBC, SBS, KBS의 지상파뿐 아니라 tvN이나 JTBC 같은 케이블과 종편에서도 드라마 제작이 점차 늘어나는 추세입니다.

사람들은 드라마를 통해 희로애락을 함께합니다. 그런 만큼 드라마가 일반 대중에게 미치는 문화적·정서적 영향력은 엄청나지요. 우리나라 드라마는 해외 시장에서도 높은 평가를 받고 있습니다. 성공한 드라마 한 편은 수십억의 수익을 내기도 하지만 해외에 우리나라의 문화를 널리 알리는 역할도 합니다. 드라마를 통해 한국을 친근하게 느끼는 외국인들이 한국으로 여행을 오고 한국 상품에도 관심을 가지잖아요. 한편으로는 한국 연예인들이 외국에 진출하여 활발하게 활동하기도 하고요.

드라마 촬영 현장 (ⓒ백홍종)

드라마 촬영 현장 (ⓒ백홍종)

드라마 촬영 현장 (©백홍종)

사극 촬영 현장 (©백홍종)

사극 촬영 현장 (©백홍종)

사극 촬영 현장 (©백홍종)

드라마 촬영을 위해 대기 중인 장비팀 (ⓒ백홍종)

실외 촬영을 준비하는 조명팀 (ⓒ백홍종)

예전에는 새로운 드라마 방송이 예고되면 주된 관심사가 "누가 주연을 맡느냐"였답니다. 인기 있는 스타가 나올수록 사람들의 관심도 더 커졌지요. 스타의 팬클럽에서는 내가 좋아하는 배우가 출연한 드라마가 잘 되길 바라며 적극적인 홍보 활동을 펼쳤고요. 그런데 요즘은 그런 관심이 작가에게로 옮겨졌습니다. "누가 나오느냐"에서 "누가 쓰느냐"로 옮겨간 거예요. 제작 발표회에서 가장 많은 질문을 받고 스포트라이트를 받는 사람은 작가입니다. 〈시크릿 가든〉, 〈태양의 후예〉, 〈도깨비〉 등을 집필한 김은숙 작가와 〈넝쿨째 굴러온 당신〉, 〈별에서 온 그대〉, 〈프로듀사〉를 쓴 박지은 작가, 〈싸인〉, 〈유령〉, 〈시그널〉 등의 김은희 작가는 대표적인 스타 작가입니다. 이들이 새 작품에 들어간다는 소식만 들어도 관심과 기대가 상승하지요. 방송사 입장에서는 작가의 이름만으로도 일정한 수준의 시청률을 기대할 수 있으므로 저마다 이름 난 스타 작가들을 모셔오기 위해 공을 들이고 있답니다.

그만큼 드라마에서 작가가 차지하는 역할이 아주 커진 거예요. 드라마는 물론 여러 사람이 함께 작업하는 협업의 결과물이지만, 작가가 절대적인 역할을 한다는 것은 결코 부인할 수 없습니다. 왜냐고요? 배우들은 대본에 따라 연기하고, 촬영 장소를 결정하는 것도 대본에 의해서거든요. 음악이나 조명도 대본이 원하는 이미지를 잘 구현할 수 있도록 정해지고요.

촬영 현장은 감독 이하 연출팀, 조명팀, 오디오팀, 장비팀, 분장팀, 배우들에 이르기까지 수십 명에서 때로는 백 단위를 넘는 사람들이 북적거리는 곳입니다. 그 모든 사람이 뒷주머니에 대본을 둘둘 말아서 꽂고 일을 합니다. 그렇게 많은 사람들이 일하며 의지하고 기대고 믿는 것은 오

56

로지 대본이지요. 드라마 하나를 만드는 데 참여하는 사람들의 수는 엄청 많지만, 그 드라마를 대표하고 책임지는 사람은 드라마 작가입니다.

드라마의 종류

자, 이렇게 시청자들의 마음을 들었다 놨다 하는 드라마에는 어떤 종류가 있을까요? 함께 살펴봅시다.

• 단막극

단막극은 짧은 드라마를 말합니다. TV 프로그램은 보통 한 시간 분량이 1회분인데 단막극은 1회분으로 끝나는 드라마입니다. 하지만 보통 4부작까지는 단막극으로 분류합니다. 명절에 특집극으로 편성되는 드라마를 단막극으로 부르죠. 미니시리즈가 끝나고 다음 미니시리즈가 시작되기 전의 틈새에 단막극이 편성되는 경우도 있습니다. 예전에는 〈MBC 베스트셀러극장〉이나 〈KBS 단막극장〉 등 정규 편성표 안에 단막극이 있었는데요. 지금은 시청률 문제 등으로 단막극을 찾아보기가 어렵게 되었습니다.

그렇지만 방송 문화를 염려하는 많은 사람들이 단막극을 되살려야 한다는 목소리를 내고 있습니다. 단막극은 새로운 내용과 형식을 실험하고 더 다양한 소재의 스토리를 선보일 수 있거든요. 신인 작가나 감독의 등용문이 되기도 하고요. 따라서 단막극의 부활을 꾀하는 움직임도 꾸준합니다. 드라마 공모도 단막극으로 하는 곳이 많기 때문에 작가 지망생들은 단막극을 열심히 쓰고 있지요.

• 미니시리즈

16부작에서 24부작 드라마를 미니시리즈라고 합니다. 현재 우리나라에서 방영되는 월화 드라마, 수목 드라마 들이 미니시리즈로 분류됩니다. 그런데 왜 '미니'시리즈라는 이름이 붙었을까요? 시리즈는 연속극이라는 뜻인데 미니시리즈는 단막극과 장편 연속 드라마의 중간에 위치하기 때문입니다. 시리즈물이긴 하지만 크게 길지 않다는 의미에서 '미니'시리즈라는 이름이 붙은 거죠. 16부작이라면 두 달, 24부작은 석 달간의 방영기간을 가집니다.

• 연속극과 장편 드라마

미니시리즈보다 길게, 몇 달간 혹은 몇 년에 이르기까지 길게 이어지는 드라마를 연속극 또는 장편 드라마라고 합니다. 언제 하느냐에 따라 주말 연속극, 일일 연속극으로 불리고요. 주말 연속극은 말 그대로 토·일요일에 편성되어 50부작 이상 이어지는 드라마입니다. 일일 연속극은 매일 아침, 또는 매일 저녁 시간에 편성되어 100회~200회 이상 이어가기도 합니다. 대하사극도 장편 드라마로 편성되지요.

• 주간 시추에이션 드라마(주간 단막극)

보기에 따라 단막 드라마라고 할 수도 있고 장편 드라마라고 할 수도 있습니다. 한 에피소드가 이어지지 않고 그 회에 끝난다는 점에서는 단막극인데, 같은 배경과 인물로 오랜 시간 방영된다는 면에서는 장편이거든요. 타이틀이 같고 배경과 등장인물은 정해져 있지만 매회 다른 에피소드가 전개되는 드라마입니다. 누가 주인공이 되는가도 매회 달라집니다. MBC에서 방송됐던 〈전원일기〉라든가 KBS의 〈학교〉 시리즈 등이 이 범주에 속해요. 같은 공간과 같은 인물이 등장하지만 매회 새로운 이야기가 시작되고 그 이야기가 결말을 맺으며 끝나는 것입니다. 한동안 인기 있던 형식이었지만 지금은 많이 제작되지 않습니다.

시트콤은 예능일까, 드라마일까?

시트콤은 시추에이션 코미디의 약자입니다. 편당 20분 내외의 짧은 드라마로 배경과 등장인물은 고정되어 있으나 매회 다른 에피소드를 방송합니다. 삶의 희로애락을 웃음으로 승화시키는 장르인데요. 우리나라에는 시트콤의 전성시대라고 할 만한 시기가 있었습니다. 1990년대부터 2000년대까지 시트콤은 큰 인기를 모으며 수많은 스타를 발굴하고 화제를 모았지요. 1993년 〈오박사네 사람들〉부터 〈LA 아리랑〉, 〈남자셋 여자셋〉, 〈순풍 산부인과〉, 〈거침없이 하이킥〉 등은 지금도 사람들 입에 오르내린답니다.

시트콤은 예능으로 분류되기도 하고 드라마로 분류되기도 하는데요. 내용적인 면에서 이 구분이 크게 의미는 없습니다. 방송국 차원에서 본다면 시트콤은 드라마국이 아닌 예능국에서 만들어집니다. 작가의 입장에서 볼 때 시트콤 작가는 예능 작가에 속하고요. 그러나 작가는 프리랜서고 장르가 정해져 있는 것도 아닙니다. 예능 구성을 하다가 드라마를 쓸 수도 있고 교양물 구성과 드라마 집필을 동시에 할 수도 있어요. 그러니 시트콤 작가가 드라마 작가인지 예능 작가인지 반드시 따지고 구분할 필요는 없겠지요? 그렇지만 시트콤이 만들어지는 과정은 예능에 가깝습니다.

시트콤은 드라마 형식을 가지고 있지만 드라마처럼 작가 한두 명이 쓰는 게 아니라 집단창작체제를 가집니다. 예능 프로그램에서 많은 수의 작가진이 회의를 통해 예능 프로그램을 구성하고 대본을 쓰는 것처럼 시트콤도 많은 수의 작가들이 오랜 회의를 통해 대본을 만듭니다. 집단창작을 하면 끊임없는 대화와 소통, 설득과 공감의 과정이 있어야 하는데요. 다수의 상상력이 바탕이 되니 여러 개의 결말도 가능합니다. 그러나 어쨌든 시트콤 대본의 형식은 대사와 지문으로 구성된 드라마 형식입니다. 요즘 승승장구하는 드라마 작가 중에는 예능 작가 출신, 시트콤 작가 출신이 많습니다. 시트콤에서의 경험이 드라마 쓰기에 큰 훈련이 됐다는 뜻이겠죠?

드라마로 간 예능 작가들

예능 작가를 하다가 드라마 작가로 넘어온 분들은 누구일까요? 대표 선수들을 살펴보겠습니다.

● 박혜련 작가

박혜련 작가는 교양물인 〈장학퀴즈〉로 방송 작가 생활을 시작했습니다. 그 후 MBC 〈테마게임〉을 거쳐 〈논스톱〉, 〈김치 치즈 스마일〉 등의 시트콤에서 작가로 활약했어요. 그 후 사람의 마음을 읽는 초능력을 가진 남자의 이야기인 SBS 드라마 〈너의 목소리가 들려〉와 기자 사회를 잘 그려낸 〈피노키오〉를 집필하며 큰 성과를 거두었습니다.

60

• 박지은 작가

박지은 작가는 〈별에서 온 그대〉를 비롯해 〈내조의 여왕〉, 〈역전의 여왕〉, 〈넝쿨째 굴러온 당신〉 등 수많은 히트작을 선보인 작가입니다. 박지은 작가 역시 드라마를 쓰기 이전 KBS의 〈시사터치 코미디 파일〉, MBC의 〈코미디하우스〉 등에서 예능 작가로 활동했습니다. 뿐만 아니라 〈김기덕의 골든디스크〉, 〈윤종신 두시의 데이트〉, 〈김성주의 굿모닝 에프엠〉 등 MBC 간판 라디오 프로그램 작가로도 일했지요. KBS 교양물인 〈역사스페셜〉에서 작가로 활동한 경력도 있는 등 방송 작가의 거의 전 영역에서 활발하게 활동했던 작가입니다.

• 이우정 작가

이우정 작가는 몇 번이나 예능 작가상을 받았을 만큼 대표적인 예능 작가입니다. MBC 〈섹션TV 연예통신〉, KBS의 〈1박2일〉, KBS 〈남자의 자격〉 등 굵직한 프로그램을 맡아왔습니다. 이후 tvN에서 〈응답하라 1997〉, 〈응답하라 1994〉, 〈응답하라 1988〉 시리즈를 대표 집필했습니다. 〈응답하라〉 시리즈와 tvN 예능 프로그램인 〈꽃보다 할배〉를 동시에 집필하는 능력을 보여주기도 했지요.

천릿길도 한 걸음부터_드라마 쓰기

기획

기획은 드라마의 뼈대입니다. 어떤 드라마를 쓸 것인가? 어떤 드라마를 쓰고 싶은가? 하고 싶은 이야기가 무엇인가? 왜 이 드라마를 쓰려고 했는가?…… 이런 것들을 정리한 것이 기획 의도입니다. tvN 금토 드라마 〈쓸쓸하고 찬란하神-도깨비〉의 작가가 밝힌 기획 의도는 "현 시기에 일상을 잊고 편안하게 볼 수 있는 판타지 드라마"였습니다. JTBC 〈청춘시대〉는 "한 집에 사는 20대 여대생들의 이야기를 담은 청춘 힐링 드라마"라고 기획 의도를 밝혔고요.

기획 단계에서 결정해야 하는 것은 많습니다. 사극인지 현대극인지, 과거와 현재를 오가는 타임 슬립물인지, 판타지인지, 진지한 드라마인지, 코믹하고 가벼운 드라마인지 정해야 합니다.

드라마의 기획 의도가 확실해지면 주제, 배경, 등장인물, 줄거리를 정리하여 기획서를 씁니다. 기획서를 잘 써야 하는 이유는 이 기획서로 다른 사람을 설득해야 하기 때문이에요. 여러 번 강조했듯이 드라마는 절대 혼자 만들 수가 없으니까요. 자본을 가진 방송사나 제작사가 그 드라마를 제작하기로 결정해야만 드라마가 만들어집니다. 그러니 다른 사람을 설득하기 위해서라도 일목요연하게 기획서를 작성해야 합니다. 기획서만 읽어도 어떤 드라마인지 한눈에 알 수 있어야 하고, 더불어 "반드시 드라마로 만들어야겠다"라는 의지를 심어주어야 하니까요.

무엇보다 기획 자체가 신선하고 재미있어야 합니다. 진부한 소재인 '운명적인 사랑'을 다룬다 해도 어떤 인물을 등장시키느냐 어떤 시대를 배경으로 삼느냐에 따라 얼마든지 새로운 기획이 가능합니다. 한 드라마가 기획되어서 자료 조사 기간을 거쳐 대본을 쓰고 방송되기까지 아무리 빨라도 6개월 이상 걸립니다. 대부분 준비기간을 1년으로 예상하는데요. 그러다 보니 지금 재미있어 보이는 것이 1년 후엔 이미 낡은 이야기가 될 수도 있습니다. 드라마의 기획이 적어도 1년 앞을 내다볼 수 있어야 하는 이유입니다.

기획은 작가가 직접 해서 제작사나 방송사에 제안하는 경우가 있고, 제작사 쪽에서 기획안을 만들어 적당한 작가에게 집필을 제의하는 경우도 있습니다.

자료 조사

자료 조사는 기획과 동시에 이루어집니다. 기획을 하고 그에 맞추어 자료 조사를 하기도 하고 자료 조사를 하다 보니 기획을 수정하게 되는 일도 생깁니다. 조사를 하다 보면 더 좋은 전개 방향이 떠오르기도 하고, 또 처음 생각과는 다른 조사 결과가 나오기도 하거든요.

자료 조사가 구체적이고 꼼꼼할수록 더 탄탄한 스토리를 만들어낼 수 있겠지요? 드라마 작가들이 자료 조사를 하는 방법은 사람마다 다르겠지만 가능한 모든 방법을 쓴다고 보면 됩니다.

책이나 인터넷을 찾아보는 방법은 가장 쉬운 방법일 테고요. 직업에 대해 알아보려면 그 직업을 가진 사람을 인터뷰하고 관찰하고 체험해보는 방법이 있겠지요. 종합병원이나 소방서, 경찰서 등이 배경인 드라마를 쓸 때 작가가 직접 그 곳에서 몇 달이고 살아보는 것은 흔한 일입니다. 병원 의사들과 함께 생활하며 응급실, 수술실 등을 취재하고 소방서에서 소방관들과 함께 지내기도 하지요. 취재를 위해 법정에도 가고 교도소에도 가고 안 가는 곳이 없습니다.

사극을 쓸 예정이라면 정말 엄청난 자료 조사가 필요합니다. 역사적 사건뿐 아니라 그 시대의 생활상 자체를 알아야 하니까요. 음식과 옷, 집, 제도…… 조사해야 할 것은 무궁무진합니다. 물론 모든 것을 다 조사하는 것은 불가능합니다. 드라마 기획을 탄탄히 세워둔 뒤라면 무엇이 꼭 필요한 자료고 무엇이 필요 없는 자료인지 구분할 수 있을 것입니다. 드라마 자료 조사는 무척 방대한 작업이기 때문에 드라마 보조 작가가 도와주는 것이 보통입니다.

시놉시스

언론에 배포된 〈도깨비〉의 간단한 줄거리는 "불멸의 삶을 끝내기 위해 인간 신부가 필요한 도깨비, 그와 기묘한 동거를 시작한 기억상실증 저

승사자, 그런 그들 앞에 '도깨비 신부'라 주장하는 죽었어야 할 운명의 소녀가 나타나면서 벌어지는 낭만설화"입니다. 〈청춘시대〉의 줄거리는 "외모부터 성격, 전공, 남자 취향, 연애 스타일까지 모두 다른 5명의 매력적인 여대생이 셰어하우스에 모여 살며 벌어지는 유쾌하고 발랄한 청춘 동거 드라마"라고 되어 있고요.

물론 시놉시스는 이것보다는 길게 씁니다. 시놉시스란 곧 이야기의 줄거리입니다. 이야기가 어떻게 시작하여 어떤 과정을 거쳐 어떻게 끝나는지 기승전결을 알 수 있도록 쓰는 것인데요. 시놉시스는 일반 시청자나 기자들에게 보여주기 위해 쓰는 것이 아니라 제작진이 보는 용도입니다. 그 드라마에 참여할, 또는 그 드라마에 투자할 사람들은 전체 스토리를 알고 있어야 하니까요. 즉, 작가가 제작진과 투자자에게 드라마를 설명하고 설득하기 위해 쓰는 것이 시놉시스입니다.

예비 작가라면 더욱더 시놉시스를 잘 써야 합니다. 공모에 당선되는 제1차 관문이 시놉시스라고 할 수 있거든요. 심사위원들이 그 많은 공모 대본을 일일이 다 읽어보기는 어렵습니다. 일단 시놉시스를 보고 흥미로운 이야기라는 느낌이 들면 그제야 대본을 보는 경우가 많답니다.

시놉시스에는 중요한 등장인물, 배경, 중요 사건 등이 들어갑니다. 결말도 있고요. 작가에 따라 여러 개의 결말을 만들어놓기도 하고, 드라마가 진행되면서 결말이 달라지는 경우도 있지만요.

시놉시스는 일종의 지도와 같습니다. 드라마를 쓰다 보면 중간에 옆으로 빠지는 길도 있고 골목을 돌게 될 수도 있지만, 어쨌든 지도가 있으면 다른 곳으로 흘러가 영영 헤매는 일은 없잖아요? 작가들이 시놉시스를 탄탄하게 써두어야 하는 이유입니다.

트리트먼트

트리트먼트는 쓰는 사람도 있고 쓰지 않는 사람도 있습니다. 방송사에 따라 트리트먼트를 요구하는 곳도 있고 아닌 곳도 있거든요. 트리트먼트란 시놉시스보다 더 자세하고 정교하게 스토리를 정리한 것입니다. 시놉시스에 있는 줄거리, 등장인물, 배경을 기초로 해서 구체적인 상황과 사건, 주요 대사까지 들어가지요. 대본 형식으로 만들기 전에 일단 소설 형식으로 써두는 스토리라고 생각하면 됩니다. 작가에 따라서는 1신(scene)부터 마지막 신까지 신 별로 스토리를 정리해두기도 합니다.

시놉시스가 대략적인 지도라면 트리트먼트는 더 자세한 내비게이션 역할을 하는 것입니다.

드라마 대본

드라마 대본은 신과 시퀀스로 이뤄집니다. 한 공간과 시간에서 벌어지는 일을 한 신에 넣습니다. 두 남녀가 달리는 자동차 안에 있는데 거리에서 사고가 났다면 그것이 한 신입니다. 장면이 바뀌어 한 사람은 병원, 또 한 사람은 경찰서에 있다면 병원 신과 경찰서 신으로 나누어지겠죠. 그리고 이것들을 다 합친 덩어리, 즉 자동차 사고와 관련된 몇 개 신들의 연결이 바로 시퀀스입니다.

대본은 대사와 지문으로 이루어집니다. 대사는 배우들이 하는 말이고, 지문은 배우의 행동을 지정합니다. 상황에 대한 설명도 하고요. 예전에는 드라마 대본을 제작진과 배우 등 드라마를 만드는 사람들만 보고 일반 시청자들은 만들어진 드라마만을 봤었죠. 그러나 지금은 드라

필자가 작업한 드라마 대본들 (©임선경)

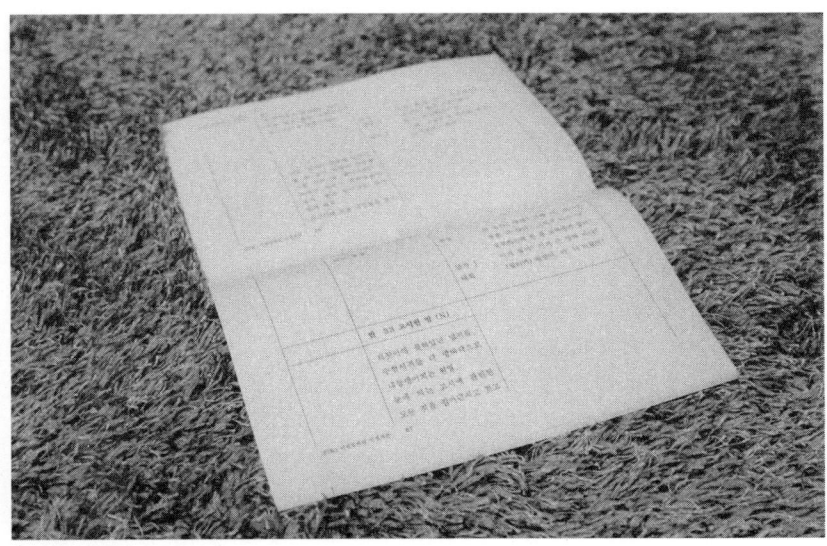

실제 드라마 대본 (©임선경)

마 쓰기에 흥미를 가진 사람들이 늘어난 만큼 드라마 대본을 접할 기회도 많아졌습니다. 방송작가협회에서도 이제까지 나왔던 드라마 대본을 망라해놓은 아카이브를 마련해두었고 평이 좋았던 드라마는 대본이 책으로도 만들어져 읽히기도 합니다.

대본 쓰기를 배우는 것은 쉽지 않습니다. 신이 무엇이고 지문은 어떻게 쓰는지 안다고 해서 대본을 곧바로 쓸 수 있는 것은 아니거든요. 대본 쓰기를 연습하는 가장 좋은 방법은 대본을 베껴 써보는 것입니다. 좋아하는 드라마의 대본을 구해 읽고 베껴보면 대본이 영상에서 어떻게 구현되는지를 알게 됩니다. 한 발 더 나아가서는 영상만 보고 스스로 대본을 써봅니다. 지문과 대사를 구분해서 쓰고 신을 나누어 정리해본다면 영상 글쓰기가 어떻게 이루어지는지 감을 잡게 될 것입니다.

전략이 있는 드라마 계획표_편성

편성이 뭐지?

편성이란 방송사에서 요일별로 어느 시간에 무슨 프로그램을 방송하겠다고 정하는 것입니다. 편성표를 보면 방송이 시작할 때부터 끝날 때까지 시간대별로 프로그램 이름이 죽 나열되어 있습니다. 대부분 봄과 가을에 개편이라는 이름으로 새롭게 편성을 합니다.

시사나 교양, 예능 프로그램은 어느 요일 어느 시간대에 한 번 자리를 잡으면 그 프로그램이 없어지지 않는 이상 계속 같은 시간에 방송됩니다. 몇 회분이 방송될지는 시작할 때는 모릅니다. 시청률이 높고 평가가 좋으면 오래가는 장수 프로그램이 되고 그렇지 않으면 금세 없어집니다. 그렇지만 드라마는 시작부터 몇 회 방송인지 정해져 있습니다. 미니시리즈라면 보통 두 달이나 석 달 정도 방송합니다. 월화 드라마 24부를 1월부터 3월까지 하고 나면 4월부터는 다른 드라마, 그 드라마가 끝나면 다음에는 또 다른 드라마 하는 식으로 줄줄이 예약이 되어 있는 것이지요. 드라마를 준비하는 입장에서는 적어도 몇 달 전에는 자신의 드라마가 언제 어느 채널에서 방송되는지 결정이 나야 합니다. 첫 방송일이 언제인지 알아야 제작 일정을 짤 수 있으니까요.

작가들이 "편성을 받는다"라고 말하는 것은 방송이 결정된다는 뜻입니다. 드라마 극본을 다 썼더라도 방송 편성을 받지 못하면 촬영에 들어가기는 어렵습니다. 드라마 제작은 수십억대의 비용이 들어가는 일이니까요. 방송이 될지 안 될지도 모르는 상황에서 큰돈을 들여 제작을 시작하는 모험을 할 수는 없지요.

편성에도 운명이 있다

편성은 그냥 드라마가 준비되는 대로 줄만 세워놓는다고 되는 것이 아닙니다. 다른 경쟁 방송사에서 그 시간에 어떤 드라마를 준비했는지, 시대물인지 로맨틱 코미디인지 장르물인지 알아야 하고, 혹시 소재가 겹치는 것은 아닌지도 파악해야 합니다. 어떤 작가의 작품을 준비하고 있는지도 알아야 합니다. 이미 잡힌 편성이라 해도 편성은 언제든지 바뀔 수 있습니다. 당연히 시청률 전쟁에서 이기기 위해서입니다. 어떤 드라마로 승부를 보면 이길 수 있을지 전략을 짜서 편성합니다. 그 와중에 이미 잡혔던 편성이 바뀌고 방송이 미뤄질 수도 있어요.

이미 편성이 잡히고 제작이 진행 중이었다가도 드라마가 지연될 수 있습니다. 원하던 배우가 캐스팅이 안 되어 다른 배우를 캐스팅하는 과정이 오래 걸릴 수도 있고, 출연 약속은 받았는데 다른 스케줄 때문에 배우가 미루기를 원하면 미뤄지기도 합니다. 반대로 앞당겨지는 수도 있습니다. 올해 가을이라고 생각하고 준비하고 있었는데 당장 두 달 후에 첫 방송을 내보내라는 요구를 받기도 합니다. 내 드라마 앞에 편성되었던 드라마가 사정상 미뤄지면 그 뒤 예정이었던 내 드라마가 앞당겨지는 것이죠. 드라마의 편성은 1년 분을 미리 결정해두지만 중간에 많은 변화가 일어날 수 있습니다.

드라마 작가는 얼마나 벌까?_수입

콕 집어 말하기 어려운 보수

드라마 작가의 보수가 평균 얼마라고 콕 집어 말하기는 어렵습니다. 이 것은 연예인의 수입이 평균 얼마라고 말하기 어려운 것과 마찬가지입니 다. 유명한 배우, 이른바 스타들은 영화 한 편 출연하는 데 몇 십억, 드 라마 한 편 출연료도 억대라는 이야기를 신문 방송에서 볼 수 있습니 다. 광고를 찍으면 천문학적인 액수의 수입을 거두죠. 그런데 모든 배우 가 다 그만큼의 출연료를 받는 것은 아닙니다. 주연과 조연 배우의 출 연료가 다른 것은 당연하겠죠. 그런데 같은 주연으로, 같은 60분물 드 라마 한 편에 출연한다고 해도, 출연료가 다를 수 있습니다. A라는 배 우와 B라는 배우의 이른바 몸값이 다른 것이죠.

작가도 마찬가지입니다. 연예인만 스타인 것은 아닙니다. 스타 피디가 있고 스타 작가도 있습니다. 그중에는 회당 원고료가 억대에 이르는 슈 퍼스타 작가도 있습니다.

편차가 심한 작가들의 수입

2000년대 이후 드라마 한류가 퍼지고 외주제작업체가 많이 생기면서 작가의 몸값이 뛰어오르기 시작했습니다. 60분물 한 편에 몇 천만 원대의 원고료를 받는 작가들이 늘어나게 된 것입니다. 50회 이상의 장편 드라마를 집필한다면 한 작품의 원고료만 10억이 넘는다는 이야기입니다. 그렇지만 그 십 분의 일도 안 되는 원고료에 드라마 한 편을 쓰는 작가도 분명히 있습니다. 1년에 몇 억씩 버는 작가가 있는 이면에는 1년에 몇 백만 원도 못 버는 작가가 있는 것이지요. 1년이 가도 작품 한 편 못 해서 수입이 전혀 없을 수도 있고요.

물론 지금은 전반적으로 원고료가 오른 추세입니다. 작가들의 저작권 보호에 대한 의식도 높아져 재방송료, 네트료, 인터넷 유료서비스 등 저작물 사용료 제도도 잘 정비되어 있습니다.

일단 드라마 작가로 인정받기만 하면 연 수입은 직장인과는 비교할 수 없을 정도로 높습니다. 다만 월급을 받는 직장인과 달리 수입은 고정적이지 않고 불안정합니다. 올해 수입은 1억이었지만 다음 해 수입은 0원일 수도 있다는 것을 알고 있어야 합니다.

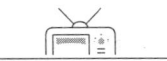

어떻게 드라마 작가가 되나?

답은 공모다

드라마 작가가 될 수 있는 가장 확실한 방법은 공모전에 당선되는 것입니다. 매년 공중파 방송국에서는 단막극, 미니시리즈, 연속극 등 부문을 나누어 공모전을 열고 있습니다. 공중파뿐만 아니라 JTBC 등의 종편과 케이블에서도 공모전을 진행하고, 드라마 제작사 자체에서 극본을 찾기도 합니다. 인터넷으로 '드라마 공모'를 찾아보면 한 해에도 수많은 공모전이 열린다는 것을 알 수 있지요. 공모 방식은 매년 조금씩 달라지고 시기도 일정하게 정해진 것은 없습니다. 웹드라마 분야의 공모도 여기저기서 실시되는 추세입니다.

드라마 작가는 주로 극본 공모전을 통해 작가로 입문합니다. 공모전에 당선되면 그 작품이 드라마로 만들어지니까요. 혹여 드라마로 만들어지지 않더라도 일단 당선자가 되면 방송사 관계자와 인맥을 쌓거나 제작사의 눈에 띄게 될 기회가 생깁니다. 응모한 작품을 심사하는 당사자가 드라마 관계자들이니까요. 때로는 당선되지 않았더라도 작품이 누군가의 눈에 띄어 다른 기획의 드라마 집필을 제안받기도 합니다.

공모에 당선되는 일은 "낙타가 바늘구멍에 들어가는 것"보다 어렵다고 이야기합니다. 공모전 하나마다 적게는 수백 편에서 많게는 수천 편에 이르는 작품이 몰리거든요.

지상파 방송 3사는 비슷한 시기에 공모 마감을 합니다. 마감 후 몇 달이 지나야 당선 여부가 확인되는데요. 당선 여부를 확인하지 않은 채 여러 방송사에 동시에 응모할 수는 없습니다. 한 방송사에 응모했지만 당선되지 않았다면, 좀 더 수정해서 그다음 해에 다른 방송사에 응모하는 것은 가능합니다.

그런데 극본 공모는 매년 달라집니다. 작년에는 공모를 했던 회사가 올해는 공모를 하지 않을 수도 있어요. 공모의 시기도 달라지고 모집 요강도 조금씩 다릅니다. 전에는 단막극 공모를 했던 회사가 이번에는 단막극을 빼고 미니시리즈만 공모하기도 하지요. 공모에 응모할 생각이 있으면 작년에 했던 공모 정보에만 의존하면 안 됩니다. 늘 공모 소식에 눈과 귀를 열어두어야 해요.

공모 당선, 그 후

공모에 당선된다는 것은 여러 사람의 검증을 거쳤다는 의미이니 축하할 일입니다. 그런데 공모에 당선되었다고 해서 어떤 자격증이 생기는 것은 아닙니다.

방송사에서 진행한 공모에 당선되면 방송사에서는 당선된 작품의 제

방송사 공모 요강

2016년 방송사별 공모 요강

KBS: 70분물 단막극 1편과 시놉시스

MBC: 일일연속극 35분물 10편(150회 전체의 시놉시스 포함)

　　미니시리즈 4편(16부 전체의 시놉시스 포함)

SBS: 미니시리즈 70분물 2회분 , 단막극 70분 단막극 2회분

지상파 3사 외에 JTBC에서도 드라마 극본을 공모합니다. 단막극 공모도 하지만 웹드라마 공모도 있습니다. 여러 개의 케이블 채널을 가지고 있는 cj에서 공모하기도 하고, 드라마 작가들의 회사인 에이스토리에서 극본 공모를 한 적도 있어요.

2017년 방송사별 극본 공모 정보

KBS

MBC

SBS

JTBC

작에 힘을 쏟겠죠. 좋은 작품이라고 생각해서 뽑았으니 자사에서 제작하여 방송하려고 할 것입니다. 그런데 편성이란 것이 쉽지는 않습니다. 다른 드라마의 제작 일정도 참고해야 하고, 응모한 시놉시스와 1~2회차 대본은 아주 좋았는데 그 뒤에 작업한 대본은 생각처럼 잘 만들어지지 않을 수도 있습니다. 그도 그럴 것이 공모 대본은 수개월, 혹은 몇 년 이상 다듬고 또 다듬어 만들어낸 것입니다. 하지만 드라마에는 그렇게 많은 시간이 주어지지 않습니다. 짧은 시간 안에 그다음 회 대본이 만들어지지 않거나 만들어졌다 하더라도 기대에 미치지 못하면 제작이 힘듭니다. 또는 경쟁이 되는 타 방송사의 편성 일정이 걸림돌이 되기도 합니다. 비슷한 소재를 다루고 있다거나 큰 대작 드라마와 대결해야 한다면 신인 작가의 작품을 올리는 것이 부담스럽거든요.

즉, 그해 공모전에 당선된 작품이라고 해도 꼭 그해에 드라마로 만들어져 방송되는 것은 아닙니다. 늦어지더라도 언젠가는 꼭 방송이 되는 것도 아닙니다. 사실은 공모에 당선되고도 드라마로 제작되지 못한 작품이 부지기수랍니다.

그러나 방송 공모에 당선되었다는 것은 필력을 인정받았다는 뜻입니다. 방송사에서는 언제나 신인 작가와 새로운 작품을 찾고 있습니다. 공모에 당선된 해당 방송사가 아니어도 타 방송사나 외부 제작사에서도 공모 당선 작가를 눈여겨보고 있지요. 공모 당선작 자체는 드라마 제작이 되지 않았더라도 다른 드라마를 집필할 수 있는 기회는 계속 열려 있습니다.

드라마 보조 작가

드라마 작가가 되려면 공모가 가장 빠른 길이라는 것은 이야기했습니다. 그런데 꼭 공모를 통하지 않더라도 드라마 보조 작가를 하면서 차근차근 데뷔를 준비하는 사람들도 있습니다.

드라마 보조 작가는 어떤 사람들일까요? 보조 작가는 말 그대로 드라마를 쓰는 작가를 도와주는 일을 합니다. 드라마를 쓴다는 것은 광범위한 작업입니다. 드라마를 쓰려면 무척 많은 것을 알아야 합니다. 예를 들어 의학 드라마를 쓴다고 해봅시다. 병원 종사자들의 일상생활에서부터 의학용어, 수술실이나 응급실에서 벌어지는 일들, 질병의 원인과 증상과 경과와 예후, 질병에 따른 치료법 등 알아야 할 것이 수천 가지일 것입니다. 모든 의학 지식을 알아야 하는 것은 아니지만 드라마에 등장하는 질병에 대해서는 많은 것을 정확하게 알고 있어야 하지요. 그래야만 드라마가 리얼해지고 풍성해지니까요. 의사가 하는 일, 간호사가 하는 일, 그들이 밤은 어떻게 보내는지, 점심은 어디서 어떻게 먹는지와 더불어 병원 곳곳의 풍경도 꿰고 있어야겠죠. 그래서 작가가 의학 드라마를 집필할 때는 집필 전 몇 달을 병원에서 함께 먹고 자며 의료진과 생활하곤 합니다. 그래도 혼자 이런 일을 하기는 쉽지 않습니다. 이런 방대한 자료들을 수집하고 분석하는 일을 도와주는 사람이 보조 작가입니다. 자료라는 것은 양이 많다고 해서 좋은 것이 아닙니다. 쓸모 있는 자료를 모으는 능력이 있어야죠. 쓸모 있는 자료란 이야기에 녹아들어갈 수 있는 자료입니다. 따라서 기본적인 스토리 라인을 알고 어떤 자료들이 이 드라마의 극적인 요소를 돋보이게 해줄지 알고 판단하는 능력을 가지고 있어야 합니다.

드라마를 배우고 드라마를 쓰는 능력이 있는 사람이 수집하는 자료와 그렇지 않은 사람의 자료는 당연히 다릅니다. 정말로 도움이 되는 자료, 꼭 필요한 자료를 찾고 가공하는 것이 보조 작가의 능력입니다.

보조 작가가 자료를 찾는 일만 하는 것은 아닙니다. 보조 작가의 일이란 정해져 있는 것이 아니라 상황에 따라, 누구와 같이 일하느냐에 따라 다릅니다. 어떤 드라마 작가는 대본을 쓰는 일에는 보조 작가를 참여시키지 않고 필요한 자료만 찾아오게 합니다. 그러나 또 어떤 작가는 보조 작가들을 드라마 쓰기에 적극적으로 참여시키기도 합니다. 드라마에 주요 인물이 4명이라면 그중에 한 배역의 대사는 보조 작가에게 써보도록 하는 작가도 있습니다. 그리고 대부분의 작가들은 보조 작가들과 함께 모여앉아 대본 회의를 합니다. 이런 방향은 어떤지, 이 신은 빼는 것이 나을까…… 하고 말입니다. 작가는 외로운 직업이기 때문에 주변의 지지 또는 검증이 필요합니다. 보조 작가는 작가와 대본 회의를 하면서, 작가가 드라마를 써나가는 과정을 보조하면서, 드라마 쓰기를 배웁니다. 책이나 아카데미에서 드라마 쓰기를 배우거나 혼자서 습작하는 것 이상의 이른바 현장 경험을 하는 것이지요. 드라마 쓰기에 걸림돌이 되는 것은 무엇인지, 어떤 과정으로 드라마 쓰기가 진행되는지 직접 겪어보는 것만큼 좋은 배움은 없습니다.

유능한 작가의 보조 작가 경력은 앞으로의 드라마 데뷔에도 큰 도움이 됩니다. 보조 작가로 일했다는 것 자체가 큰 경력이 되거든요. 실력이 있어야 보조 작가도 할 수 있으니까요. 성공적인 드라마의 보조 작가로 일하면 드라마 제작진, 기획 피디, 연출자들의 눈에 띌 기회가 생깁니다. 같이 일했던 작가가 적극 추천해주기도 하고요. 방송 일은 인맥으로 이루어지는 경우가 많은데 그야말로 인맥을 얻게 되는 것입니다. 그렇지만 누구의 보조 작가였다는 경력만으로 바로 드라마 작가로 데뷔할 수 있는 것은 아니에요. 작가로 데뷔하려면 자신만의 좋은 대본이 반드시 필요합니다.

어떻게 보조 작가가 되나

보조 작가가 되는 길 역시 정해진 건 없습니다. 방송교육기관에서 수업을 받는 중에 가르치고 있던 피디나 선배 작가의 눈에 띄어서 보조 작가 제안을 받을 수도 있어요. 이미 공모에 당선된 경력이 있는 보조 작가들도 많은데요. 공모에 당선된다고 해서 바로 드라마 작가로 활동할 수 있는 게 아니기 때문입니다. 당선은 되었는데 그 대본이 드라마로 만들어지지 않는 경우도 있습니다. 또는 공모 당선작이 드라마화된 뒤로 다른 작품의 제안이 없을 수도 있습니다. 그러면 보조 작가로 일하면서 다음 기회가 올 때까지 더 정진해야 합니다.

한 드라마에서 일하는 보조 작가는 대개 서너 명입니다. 집필에 필요한 아이디어를 내거나 대본을 보면서 수정 의견을 제시하기도 하고, 등장인물 중 하나의 대사를 도맡아 쓰기도 합니다. 한 시퀀스를 잘라내어 집필하기도 하고요. 역할이 점점 많아지고 중요해지면 공동 집필 작가로 이름을 올릴 기회도 생깁니다. 보조 작가는 드라마 제작사가 채용하거나 집필 작가가 직접 뽑습니다. 당연히 실력이 좋은 작가 지망생을 뽑겠죠?

보조 작가는 원고료를 받지 않습니다. 제작사와 계약하는데 대부분

월급 형식입니다. 물론 드라마 작가의 원고료에 비하면, 그리고 일의 시간과 강도에 비하면 아주 적은 액수일 것입니다. 그러나 보조 작가도 경쟁이 치열합니다. 일도 배우고 경험도 쌓고 인맥을 얻을 수 있는 일이니까요.

시작은 다른 작가로

다른 분야의 작가로 일하다 드라마 작가로 전업하는 사람도 있습니다. 소설가였거나 희곡 작가였다가 드라마를 쓰게 된 경우입니다. 자신의 소설을 직접 드라마화하는 작가도 있고요. 영화와 드라마를 넘나드는 작가들은 아주 많습니다.

또 앞에서 말했듯이 예능이나 교양물의 구성 작가를 하다 드라마 작가로 전업하는 사람도 무척 많습니다. 작가 교육원이나 방송 아카데미의 드라마반 수강생 중에는 현업 구성 작가를 심심치 않게 찾아볼 수 있답니다. 지금 이름만 대면 아는 유명 드라마 작가들도 교양, 예능, 라디오 등 다른 분야에서 일했던 경험이 있습니다. 드라마가 아닌 다른 프로그램에서도 재미를 위해, 정보를 더 잘 전달하기 위해 내용의 일부분을 드라마처럼 만드는 경우가 많거든요. MBC의 〈서프라이즈〉나 tvN의 〈SNL 코리아〉가 그렇습니다. 라디오 작가 출신들도 있어요. 라디오에는 청취자 사연을 바탕으로 한 편의 콩트를 만들어내는 코너가 다수 있는데요. 그 코너를 집필하면서 드라마 쓰기의 기본을 배우고 드라마 쓰기의 매력을 경험한 작가들이 본격적인 드라마 작가로 데뷔하곤 합니다.

드라마 작가가 되려는 당신에게

어떤 사람이 드라마 작가에 어울릴까?

드라마 작가는 '작가'입니다. 따라서 작가가 가져야 하는 기본적인 소양을 모두 가져야 해요. 우선 이야기를 좋아하고 이야기를 만들어내는 것을 좋아해야 합니다. 그런데 드라마 작가에게는 특별히 요구되는 점이 한 가지 더 있습니다. 바로 협업 능력입니다.

혼자보다는 여럿이서 함께 무언가 하는 것을 좋아하는 사람이 있습니다. 반면에 누가 옆에 있으면 일할 때 도무지 집중하지 못하는 사람도 있습니다. 공부도 도서관에서 해야 잘되는 사람이 있고 자기 방에서 혼자 공부해야만 하는 사람도 있습니다. 혹은 사람들이 좀 시끌시끌한 카페에서 해야 잘된다는 사람도 있죠. 방송은 협업이 기본입니다. 드라마 작가 역시 끊임없는 회의를 합니다. 소설가와는 다르지요. 감독과도 상의하지만 배우들과도 대본에 대해 끊임없이 이야기합니다. 피드백을 주고받고요. "내 일에 대해 누군가 이러쿵저러쿵 하는 것은 참을 수 없어!"라는 사람이라면 방송 일을 하면서는 힘든 순간이 많을 것입니다. 방송 일은 기본적으로 수많은 사람이 이러쿵저러쿵 하는 것의 연속이니까요.

또, 드라마 작가는 트렌드에 민감해야 합니다. 요즘 사람들이 무엇에 관심이 있는지, 어떤 영화나 책이 화제가 되고 있는지, 요즘 세대별 논란거리는 무엇인지 아는 것이 중요해요. 의도적으로 알려고 노력하는 것보다도 원래 성향이 그런 사람이 있습니다. 그런데 그와 달리 자신만의 세계에서 자기만의 생각과 스타일을 고집스럽게 추구하는 사람도 있습니다. 그것이 나쁘다는 것은 아닙니다. 그들은 얼마든지 독창적인 결과물을 내놓을 수 있습니다. 그러나 대중문화인 드라마를 쓰려면 이른바 '대중성'이라는 것이 무엇인지 체득하고 있어야 합니다.

드라마 작가에겐 무엇보다 끈기가 필요합니다. 드라마 작가로 안정적인 입지를 다지려면 시간이 엄청 걸립니다. 데뷔 자체만 해도 오랜 시간이 걸리지만 데뷔한 이후에도 몇 년이나 기회를 얻지 못하고 계속 습작만 하게 될 수 있거든요.

열심히 자료를 조사하고 대본을 썼는데 편성해주는 방송사가 없으면 자기 작품이 몇 년이고 컴퓨터 하드 안에서 잠만 잡니다. 제작 직전까지 갔다가도 이러저러한 사정으로 제작이 무산되기도 하고요. 그럴 때마다 좌절한다면 지금 드라마 작가로 남아 있는 사람이 없을 것입니다. 지금의 스타 작가도 처음부터 승승장구했던 것은 아니거든요. 작품을 거절당하고 제작이 무산되는 일은 대부분의 드라마 작가들이 다반사로 겪는 일입니다. 드라마 작가로 자리 잡는 과정에서 겪는 어려움을 버텨낼 수 있는 끈기야말로 반드시 필요한 자질이지요.

드라마 작가가 되려면 지금 무엇을 해야 하나?

드라마 작가가 꿈이라면 우선 책을 많이 읽어야 합니다. 어떤 꿈을 꾸든 빠지지 않고 나오는 조언이 책을 읽으라는 조언인데요. 교사가 꿈이어도 연예인이 꿈이어도 과학자가 꿈이어도 책을 읽으라고 합니다. 그것은 독서가 다른 사람의 생각을 읽으면서도 내 생각을 동시에 할 수 있는 활동이기 때문입니다. 또한 다른 사람이 해주는 이야기를 듣고 다른 사람이 가르쳐주는 지식을 배우고 다른 사람의 감성을 느끼면서도 동시에 내 것도 채울 수 있는 것이 독서니까요.

자신의 작품을 쓰려면 상상력이 중요한데요. 상상력을 키우는 데 독서만큼 효과적인 길잡이가 없답니다. 책은 그대로 보여주는 것이 아니기 때문에 상상하지 않으면 책을 읽어나가는 것 자체가 불가능하거든요. 소설이든 역사서든 교양서든 자신이 흥미를 느끼는 책을 읽으면 됩니다. 단 너무 편식하는 것보다는 다양한 책을 읽으면 더 좋고요.

드라마에서는 캐릭터가 매우 중요합니다. 캐릭터를 창조한다는 일은 쉬운 일이 아닙니다. 단순히 옷차림이나 말투만으로 캐릭터가 만들어지는 것은 아니니까요. 캐릭터는 타인을 총체적으로 이해해야만 만들 수 있습니다. 친구들이나 가족들, 선생님, 주변 사람들을 대할 때 단순히 관찰만 하는 것이 아니라 그 사람 자체를 이해해보려고 노력해야 하는 이유지요. 좀 더 깊게 사람을 만나고 깊은 대화를 나누고 마음을 열수록 인간에 대한 이해도 깊어지잖아요? 그런 능력이 바로 드라마 작가로서 갖추어야 할 기본 소양이랍니다.

드라마 작가가 되려면 어디서 무엇을 배워야 할까?

드라마 작가가 되는 데 필요한 자격증은 없습니다. 대학 졸업장이 필요한 것도 아니고요. 드라마 작가가 어떤 대학 무슨 과를 졸업했는지 관심을 두는 사람은 아무도 없습니다. 작가의 스펙을 보고 작가와 계약하는 것이 아니기 때문이지요. 작가에게 요구하는 것은 오로지 작품뿐입니다. 기성 작가라면 그 작가가 이제껏 써왔던 작품, 신인 작가라면 습작한 작품을 봅니다.

드라마 작가가 꿈이고 그것을 위해 대학 진학을 한다면 학교와 학과의 선택 기준은 오로지 자신의 실력 향상이겠지요. 어떤 과를 졸업하면 내가 무엇을 더 배울 수 있겠다는 자신의 판단으로 학과를 선택해야 합니다. 어떤 대학 어떤 과를 졸업했다고 해서 다른 사람들이 드라마 작가로서의 능력을 더 알아주는 것은 절대 아니거든요. 그러니 원하는 공부를 하면 됩니다. 인간과 인간의 사회를 배우는 그 어떤 학문도 드라마 쓰기에 도움이 됩니다. 드라마는 인간을 다루니까요.

물론 '드라마 쓰기' 자체를 배워야 할 필요가 있습니다. 영상 대본은 일반적인 글쓰기와 다른 점이 많으니까요. 각 대학 문예창작과에서는 시, 소설, 수필 등의 전통문학 장르뿐 아니라 드라마, 시나리오, 사이버문학 등의 작법과 비평에 대한 이론과 실기 교육을 병행합니다. 따로 시나리오 극작과가 있는 학교도 있고, 드라마 작가를 양성하는 사설 교육기관도 많이 있지요. 방송작가협회에서 운영하는 작가교육원도 있습니다. 그러나 어떤 곳에서 드라마 쓰기를 배웠느냐는 전혀 중요하지 않습니다. 중요한 것은 드라마를 잘 쓰는 일이니까요.

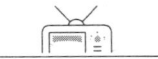

그들은 이렇게 드라마 작가가 되었다

권음미 작가

권음미 작가는 96년에 영화 시나리오 공모에 작품 〈일팔일팔〉이 당선되어 데뷔했습니다. 그 후 아침 생방송 정보 프로그램, 교양 다큐멘터리 프로그램에서 오랫동안 구성 작가로 일했습니다. 〈금촌댁네 사람들〉 같은 예능 프로그램 내 콩트를 쓰고 이후 시트콤에도 작가로 참여했습니다. 그러고 나서 MBC 수목 미니시리즈 〈종합병원2〉로 드라마 작가로서 데뷔했지요. MBC 〈로열패밀리〉, tvN 〈갑동이〉, MBC 〈캐리어를 끄는 여자〉까지 내놓는 작품마다 호평을 받고 있는 중입니다.

송재정 작가

송재정 작가는 1998년 〈순풍산부인과〉를 시작으로 〈똑바로 살아라〉, 〈거침없이 하이킥〉, 〈크크섬의 비밀〉 등 많은 시트콤을 성공시킨 대표적인 작가입니다. 그러다 2012년 〈인현왕후의 남자〉로 미니시리즈 집필을 시작했어요. tvN 〈나인: 아홉 번의 시간 여행〉이 크게 성공하고, 2016년 MBC로 자리를 옮겨 〈W〉로 시청자의 사랑을 받았습니다.

김은숙 작가

김은숙 작가는 〈파리의 연인〉, 〈상속자들〉, 〈태양의 후예〉에서 〈도깨비〉에 이르기까지 내놓는 작품마다 줄줄이 히트하는 스타 작가입니다.

김은숙 작가는 집안이 어려워 고교 졸업 후 일찍 사회생활을 시작했다가 스스로 학비를 마련해 또래보다 늦은 나이에 대학 문예창작과를 다녔다고 합니다. 드라마 작가로 데뷔하기 전에는 연극 쪽에서 먼저 일했습니다. 연극협회에서 일하며 창작 극본들을 정리하는 일을 하다가 희곡 창작을 시작했는데요. 김 작가의 희곡을 눈여겨본 드라마 제작사에서 김 작가에게 드라마 극본 일을 제의했고, 그렇게 해서 2003년에 나온 데뷔작이 SBS 〈태양의 남쪽〉입니다.

고봉황 작가

고봉황 작가는 고등학생일 때 학교 방송반 활동을 열심히 했고 대학생 때는 영화 동아리 활동을 했습니다. 학교 교수님 소개로 라디오 작가 보조 작가로 방송 일을 시작하게 되었는데, 이후 교양 프로그램 구성 작가로 일하면서 드라마 작가가 되고 싶어 방송작가연수원 드라마 반에서 꾸준히 공부했습니다. 작가연수원에서 눈에 띈 대본이 〈보리밭〉으로 KBS 드라마시티에서 단막극으로 제작되어 방송되었지요. 이후 〈열여덟 스물아홉〉, 〈착한 여자 백일홍〉, 〈매리는 외박중〉, 〈당신만이 내 사랑〉 등 여러 미니시리즈와 일일 드라마를 집필했습니다.

김은희 작가

김은희 작가는 고등학생 시절부터 소설을 썼습니다. 장르를 가리지 않고 매주 한두 권의 책을 읽을 만큼 다독가이기도 했고요. 시작은 영화 시나리오 작업입니다. 영화감독인 남편의 시나리오를 타이핑하면서 시나리오 작업에 흥미를 느꼈고 곧 〈그해 여름〉이라는 시나리오를 써서 작가로 데뷔했습니다. 그 후 드라마 작가로 방향을 전환해 〈싸인〉, 〈유령〉, 〈시그널〉 등의 작품을 집필하며 한국형 장르 드라마의 일인자로 자리 잡았습니다.

홍진아 작가

홍진아 작가는 청소년기부터 글쓰기에 관심이 있었습니다. 대학 졸업 후 교수님의 추천으로 라디오 보조 작가로 출발했습니다. 이후 교양 프로그램에서 구성 작가로 일하다 〈TV 교육위원회〉라는 프로그램을 맡게 되었습니다. 교육 문제에 관련된 짧은 드라마를 보고 토론하는 프로그램이었는데, 이때 드라마 쓰기의 매력을 알게 되었다고 합니다. 이후 청소년 드라마 〈신세대보고 어른들은 몰라요〉, 〈나〉 등을 거쳐 〈태릉선수촌〉 〈베토벤 바이러스〉, 〈더킹투하츠〉 등으로 이름을 알렸습니다.

시청률 조사

시청률은 우리나라 사람들 중 몇 명이나 그 프로그램을 보고 있는지 조사하는 것입니다. 방송사에서 조사하는 것은 아니고, 시청률을 조사하는 회사가 따로 있습니다.

시청률이 50%이면 우리나라 인구의 절반이 그 프로그램을 봤다는 뜻입니다. 점유율이라는 것도 있는데 이것은 같은 시간에 TV를 보고 있던 사람들 중 특정 채널을 본 사람이 몇 퍼센트인지를 따져보는 것입니다.

인구 전체를 대상으로 조사하는 것은 불가능하겠죠? 그래서 시청률 조사 회사에서는 일정한 수의 가구를 조사 대상으로 뽑습니다. 그리고 선정된 가구의 집에 있는 텔레비전에 피플미터기라는 기계를 설치합니다. TV를 켜고 채널을 선택할 때마다 그 기계를 통해 기록이 집계되는 것이지요.

그런데 요즘은 TV를 보는 모습이 많이 바뀌었습니다. 좋아하는 드라마가 있다고 해도 그 드라마가 방송되는 시간을 꼭 맞추어 보기보다 휴일에 한꺼번에 몰아봅니다. TV에 '다시보기' 기능이 있으니까요. 텔레비전이 아니라 스마트폰이나 컴퓨터로 보는 경우도 많고요. 화제가 되는 프로그램이 있으면 인터넷을 통해 화제가 된 바로 그 부분만 잘라낸 동영상을 골라보기도 합니다. 10대, 20대는 아마 대부분이 그런 식으로 TV를 볼 거예요. 그래서 시청률이 정확하지 않다는 비판도 있습니다. 10대, 20대가 좋아하고 많이 보는 프로그램은 시청률 집계에 반영되지 않을 수도 있으니까요. 시청률은 그 시간대에 TV 앞에 앉아 있는 사람만을 집계하거든요.

그런 비판 때문에 방송통신위원회는 통합시청점유율이라는 방안을 내놓았습니다. 지금 하고 있는 실시간 TV 시청에다 VOD(주문형 비디오), 스마트폰 등의 기기를 통한 시청 형태까지 합산하는 방식인데요. 하지만 아직은 조사 대상을 어디까지 할 것이냐, 조사 대상을 누구로 할 것이냐를 두고 의견이 분분한 상태입니다. 어쨌든 지금은 TV 시청 행태가 변했고 그래서 시청률 조사 방식도 달라져야 한다는 데 모두가 동의하는 상황입니다.

시청률은 프로그램의 흥망을 결정짓는 중요한 잣대입니다. 방송사마다 신경을 곤두세울 수밖에 없지요 시청률이 높은 프로그램은 몇 년씩 장수하지만 그렇지 않으면 한 계절도 버티지 못하고 사라집니다. 방송이라는 것 자체의 특성 때문인데요. 방송은 기본적으로 대중매체입니다. 여러 사람, 많은 사람을 위한 것이라는 커다란 전제가 깔려 있어요. 많은 사람에게 외면 받고 특정한 소수의 사람만 보는 프로그램은 대중매체인 방송에 어울리지 않습니다. 그 외에 광고료 문제도 있어요. 프로그램의 제작비는 그 프로그램의 시작과 끝에 붙는 광고료로 충당하는데, 시청률이 좋지 않으면 자연스레 광고 효과도 떨어지겠죠? 그러면 광고하는 회사 입장에서는 당연히 그 프로그램에 광고를 넣지 않을 테고요. 광고의 가격도 시청률에 따라 차이가 납니다. 시청률은 회사의 이익과 직결되기 때문에 신경을 안 쓸 수가 없어요.

그러나 시청률이 모든 것을 결정하는 현실을 비판하는 목소리도 있습니다. 양질의 프로그램이 아니라 말초적인 재미만을 추구하는 방송만 살아남는다면 그것도 문제잖아요? 방송이 사람들에게 미치는 영향력이 워낙 크기 때문에 방송의 공적인 역할과 의무에 대해서도 포기하지 않아야 합니다.

나는 10년차 드라마 작가입니다

나흘째 집에 들어가지 못했다. '하루를 작업실에서 자면 그다음 날은 집에 가서 잔다'라는 나름대로의 원칙을 정해두었지만 지켜지지 않는다. 어떨 땐 일주일 이상을 집에 가지 못할 때도 있다. 작업실에 침대도 있고 웬만한 음식은 해 먹을 수 있도록 부엌살림도 있다. 먹고 자는 일상생활에 큰 어려움은 없지만 그래도 작업실에서 며칠 지내고 나면 웬일인지 노숙자 같은 몰골이 된다.

작업실은 열 평 남짓한 작은 오피스텔이다. 제작사에서 방송국 가까운 곳에 작업실을 얻어주었다. 지금 쓰고 있는 드라마의 마지막 방송날까지 이 작업실을 사용하고 그 후엔 비워주어야 한다. 건물 아래층에는 커피숍, 편의점, 병원이 있다. 미용실과 각종 식당, 안경점도 있다. 몇 달 동안 건물 밖을 나가지 않고도 생활할 수 있는 환경이다. 그저 엘리베이터만 타면 된다. 장마에도 우산 한 번 펼 필요 없는 곳, 두꺼운 코트 없이도 한 겨울을 날 수 있는 곳, 차기름 값도 안 들고 교통카드 따위 없어도 되는 곳에 작업실을 구해준 것은, 다른 곳에 시간과 관심을 빼앗기지 말고 대본 쓰기에만 전념하라는 제작사의 배려일 것이다. 그런데도 자꾸만 내가 여기 갇혀 있는 것은 아닌가 의심스러운 것은 내가 요즘 원고 스트레스가 심해서, 사람이 꼬여서겠지?

보조 작가인 은영이는 오늘은 집에 들여보내야 한다. 은영이는 부모님과 같이 살고 있어서 여러 날 집에 안 들어가면 계속 전화가 온다. 지금 나와 함께 작업 중인 보조 작가는 셋이다. 은영이는 저번 작품부터 같이했던 후배고 다른 작가 둘은 제작사에서 구해주었다. 보조 작가들은 자기들끼리 순번을 정해가며 집에 들어간다. 그런데 은영이는 내가 신경 써서 집에 가라고 말해주지 않으면 계속 작업실에서 밤을 보내는 모양이다. 내가 집에 들어가지 않으면 은영이도 가지 않는다. 하긴 내가 원고를 쓰면서 계속 은영에게 읽어주고 의견을 묻고 자료를 달라고 하니 가고 싶어도 갈 수 없을 것이다. 은영이도 집에 보내고 싶고 나도 집에 가고 싶다. 잠은 집에서 자고 싶단 말이다. 나는 못 가더라도 보조 작가는 억지로라도 집에 보내야 하는데…….

그렇지만 지금은 하고 있는 작품 외에는 아무 것에도 신경 쓸 여력이 없다. 그래서 결혼해서 아이까지 있는 선배 작가들이 더 대단하게 보인다. 집안일을 언제 누가 하느냐의 문제는 둘째치고라도 내 일 이외에 다른 식구들의 일로 정신이 산란해지는 것을 어떻게 견딜 수 있을까?

작품을 한창 준비하고 있을 때는 친척의 결혼식도 친구 아이 돌잔치에도 참석하지 못한다. 엄마의 생신날에도 집에 가지 못했을 정도니 주변 사람들의 경조사를 챙긴다는 건 엄두가 안 나는 일이다. "겨우 두세 시간을 못 내서 결혼식에 못 간다고? 설마?"라고 생각할 것이다. 그렇지만 정말 그럴 시간이 없다. 그리고 실제 따져보면 두세 시간만 걸리는 일이 아니다. 결혼식에 한 번 가려면 씻고 머리도 감고 드라이도 하고 옷도 갈아입어야 한다. 준비하는 시간이 적어도 한 시간, 이동하는 데 드는 시간, 가서 밥 먹고 돌아오는 시간을 다 합치면 적어도 다섯 시간 이상 걸린다. 차라리 그 시간에 잠을 자면 컨디션이 회복될 거라는 생각에 외출할 엄두를 못 내는 것이다. 방송이 코앞이라 지금은 정말 잠잘 시간도, 밥 먹을 시간도 없이 컴퓨터 앞에 붙어 앉아 있다. 허리와 어깨가 아파서 파스를 붙였지만 병원에 갈 시간도 없다. 조금이라도 짬을 내서 정형외과에라도 가봐야 할까?

사람들은 어째서 그렇게 바쁘냐고 묻는다. 드라마 작가들은 왜 미리미리 일을 해놓지 않느냐고, 왜 꼭 드라마가 시작할 때가 다 되어서야 극본을 쓰느냐고, 왜 쪽대본을 주어 배우들을 힘들게 하느냐고 비난한다. 한 번 쪽대본이 나오기 시작하면 걷잡을 수 없다. 쪽대본이란 한 회분 대본을 통째로 주는 것이 아니라 낱장으로 몇 장씩, 완성된 분량만큼만, 그러니까 5신까지 썼다면 5신까지만, 중간 부분은 아직 못 썼고 마지막 신 부분만 완성됐다면 그 부분만 대본을 넘겨주는 것을 말한다. 배우들은 스토리가 어떻게 되는지도 모르는 채 연기를 해야 한다. 이야기 전체를 알지 못하면 길을 걷는 장면을 찍을 때도 지금 이 길을 왜 걷는지 대체 어떤 표정으로 길을 걸어야 하는지 알 수 없는 것이다. 물론 대사를 외울 시간도 없다. 쪽대본을 준다는 소문이 나면 작가는 이루 말할 수 없는 비난을 감수해야만 한다.

나는 아직까지 쪽대본을 내보낸 적이 없다. 하지만 작가로서 변명하고 싶다. 아니, 변명이 아니라, 울분을 토하는 것이다.

작가들은 한 드라마를 짧게는 몇 달, 길게는 몇 년 동안 준비한다. 내가 지금 하고 있는 드라마는 만 2년을 준비한 것이다. 기획하고 시놉시스를 쓰고 초반 몇 회분 대본을 쓰고 그걸 가지고 참 많은 사람을 만났다. "이 드라마 괜찮군. 같이 한번 해봅시다"라는 말을 듣기 위해 많은 산을 넘었다. 드라마 쓰기는 글쓰기이지만 다른 글쓰기와 결정적으로 다른 점이 있다. 혼자서는 절대 할 수 없다는 것이다. 자기가 쓰고 싶은 것을 혼자 쓴다고 해서 그것이 드라마가 되지는 않는다. 극본은 극본일 뿐이지 드라마가 아니다. 드라마 극본은 드라마로 만들어져서 전파를 타고 방송이 되어야만 드라마다. 그 과정은 산 넘어 산이고, 사람 넘어 사람이다.

드라마 한 편에 관련되어 있는 사람은 엄청나다. 감독과 많은 연출팀, 조명팀, 동시녹음팀, 카메라팀, 특수장비팀, 그리고 배우들, 배우에 딸린 분장팀, 의상팀, 제작사의 직원들까지 합치면 수백 명이 하나의 드라마를 위해서 일한다. 드라마 한 편이 잘되면 그 모든 사람이 일에서 성공한 것이지만 잘 안되면 중요한 프로젝트 하나를 실패한 것이다. 드라마 하나가 망하면 작은 제작사는 부도가 날 수도 있다. 시청률이 안 나와서 방송사가 그 시간대 시청자를 다른 방송사에 다 뺏기면 광고 수입에 문제가 생기고 그것은 방송사에게도 큰 타격이 된다. 그러니 이 극본으로 드라마를 만들지 말지를 결정하는 것은 얼마나 신중하고 또 신중해야 하는지 짐작이 갈 것이다. 그 과정에서 얼마나 많은 사람들이 극본에 대해 이런 저런 요구를 하는지, 그것 또한 짐작할 수 있을 것이다.

그러니 수정 또 수정이다. 기획 단계에서부터 감독님과의 조율은 필수다. 극본은 내가 쓰지만 내가 쓴 극본은 연출을 맡은 감독님과 뜻이 딱 맞아야 한다. 뜻이 맞으면 정말 다행이지만 세상에 똑같은 생각을 하며 사는 사람은 없다. 반드시 반대와 설득과 강요와 읍소와 처절한 다툼이 있게 마련이다. 좋은 일이다. 정답이 있는 것이 아니니 더 좋은 드라마를 만들기 위한 과정이라고 나는 받아들인다. 물론 쉬운 과정은 아니다. 수정안을 가지고 싸우고 또 싸우고 언성을 높이고 연락을 끊고 잠적해버리고 하루에도 몇 번씩 그냥 관뒤버릴까 고민하고 때로는 자신의 재능 없음에 절망하며 울기도 했다.

극본을 쓰는 데 있어 가장 중요한 건 소통 능력이라고 나는 배웠다. 드라마는 시청자의 공감을 얻는 게 필수이기 때문이다. 그래서 극본을 쓰면 주변 사람들에게 보여주고 의견을 듣는다. 지적을 받고 비판을 들으면 상처받을 수밖에 없다. 비판은 겸허히 수용하면서도 내 중심은 잃지 않고 꿋꿋하게 버티려 하지만 정말 쉽지 않다. 누가 내 앞에서 내가 쓴 극본을 읽고 있으면 나는 안절부절 눈 둘 곳을 찾지 못한다. 가슴이 두근거리고, 읽는 사람의 사소한 표정 하나에도 심장이 덜컥 내려앉는다. 그렇게 심약한 내게 감독님은 인정사정없이 독설을 쏟아놓는다. 내가 왜 드라마 작가가 되었는지 한탄이 나올 때가 한두 번이 아니다.

어쨌든 우여곡절 끝에 감독님과 의견 일치를 보고 극본 작업을 열심히 하고 있는데 또 다른 태클이 들어온다. 이른바 윗선. 감독님보다 더 높은 사람, 제작비를 대주는 투자사 관계자 등등이다. 그 사람들 입장에서는 드라마의 성공을 위해서 조언을 해주는 것이지만 내 입장에서는 다 차려놓은 밥상을 걷어치우고 다시 차리라고 하는 말로 들린다. 꼭 중요한 부분을 바꾸라고 하기 때문이다. 해피엔딩으로 가라, 그 캐릭터를 죽여라, 죽이지 마라, 누구랑 누구를 결혼시켜 달라 등등 간섭과 태클이 들어온다. 감독이 나서서 윗선의 입김을 막아주기도 하지만 그것도 쉽지 않다. 아무리 유명 감독이어도 회사의 직원이다. 상사가 하는 말을 그냥 무시할 수는 없다. 게다가 작가는 프리랜서다. 프리랜서는 누군가의 선택을 받아야 하는 입장이니 그 선택을 해주는 사람에게 대놓고 "간섭하지 마세요"라고 말할 수 없는 것이다. 물론 방송사마다 모셔오려고 혈안이 된 특A급 작가의 경우는 얼마든지 자기 뜻을 펼칠 수 있다. 하지만 그들도 그 위치에 오르기까지 수없이 많은 갈등을 겪었을 것이다.

극본에 대한 '도움의 손길'을 그저 간섭이라고만 표현하는 건 물론 작가의 오만이라고 생각한다. 적극적으로 의견을 개진하는 모든 사람은 이 드라마가 자신의 작품이라고 생각한다. 그리고 그게 사실이다. 드라마는 모두의 작품이고 내가 작가지만 내 것인 것만은 아니다. 드라마란 원래 그런 것이다.

그래서 수정에 수정. 또 수정. 마지막까지 수정은 계속된다. 극본 수정을 요구하는 배우도 있다. "이것을 저렇게 바꾸고 이 사람과 저 사람을 극 속에서 연결시켜주지 않으면 나는 출연하지 않겠다"라며 고집을 피우기도 한다. 특정 회사나 어떤 제품의 이미지를 깎아먹는 내용이 나오면 그것도 회사 차원에서 수정을 요구한다.

드라마가 한창 방송되는 중에도 수정이 있다. 드라마가 방송되다 보면 예상치 못했던 조연이 뜨는 경우가 있다. 신인 배우인데 벼락 스타가 되기도 하고, 연기는 잘하지만 오래 무명이었던 배우가 딱 맞는 역할을 맡아 새롭게 조명받기도 한다. 배우가 돋보이면 그 배우의 분량이 늘어나게 된다. 대사도 많아지고 없던 설정이 생기기도 한다. 그 배우의 팬들 역시 내가 좋아하는 배우의 분량을 늘려달라고 압박을 가한다. 그래서 그냥 옆집 오빠였는데 다른 배우와 엮는다든지 갈등 관계를 더 만든다든지 하는 수정이 생긴다. 드라마는 시청자들과의 교감이 무엇보다 중요하다. 그 배우를 보기 위해 드라마를 본다는 사람이 많아지면 시청률을 위해서라도 원하는 배우를 자꾸만 보여줄 수밖에 없다. 작가의 입장에서도 한 배우가 '뜬다'는 것은 정말 고마운 일이니 어떻게든 그 고마움을 표현하게 된다. 그 표현이 대사와 설정의 증가로 나타나는 것이다.

이렇게 많은 고려 요소가 있고 그에 따라 수정에 수정을 거듭하다 보니 아무리 많은 시간이 주어진다 해도 결국은 시간에 쫓기게 된다. 미리 준비해놓아도 방송 중에 수정이 많아지면 쪽대본이 나오게 되는 것이다. 쪽대본 사태까지 오면 가장 괴로운 사람은 작가다. 대본 외울 시간도 없이 연기해야 하는 배우도 괴롭고 콘티 짤 시간도 없이 찍어야 하는 감독도 괴롭고 소품, 장소를 준비해야 하는 연출팀도 다 괴롭다. 그렇지만 작가가 제일 괴롭다. 그 많은 사람들이 한 자리에 모여서 자기만 바라보고 있다고 생각하면 혼이 나갈 지경이다. 책임감, 부담감이라는 말로는 다 표현이 되지 않는 중압감이 드라마 작가를 괴롭히는 것이다.

며칠 만에 머리를 감고 샤워했다. 화장할 시간은 없어서 급한 대로 립스틱만 살짝 발랐다. 오늘 오후에 리딩이 있어서 방송국에 가야 한다. 리딩은 출연자들이 모두 모여 대본을 읽는 것이다. 회의실에서 대본 리딩을 하는데 출연자가 실제 연기하는 것처럼 대사를 해본다. 리딩에 참여하지 않는 작가도 있지만 나는 아무리 바빠도 리딩에는 반드시 참여한다. 촬영장에는 가지 못하니 리딩에 참여해서 마지막 점검을 하는 것이다. 발음이 꼬이는 부분은 대사를 고치기도 하고, 쓴 사람의 의도와 다르게 이해된 부분이 있지나 않은지 체크한다. 배우들과 이런저런 조정을 하고 연기에 대해 내 의견도 이야기한다. 촬영에 바쁜 감독님과 얘기를 나눌 수 있는 기회도 이때다.

리딩이 있는 날은 아침부터 가슴이 조마조마하다. 어떤 느낌이라고 해야 할까. 벌거벗고 사람들 앞에 나서는 느낌? 감독관만 수십 명 있는 곳에서 시험을 보는 느낌? 내가 쓴 대본이 수십 부씩 인쇄되고, 그 앞장에 내 이름이 쓰여 있고, TV에 나오는 배우들이 내가 쓴 대사를 말한다. 내가 쓴 글이 누군가의 입을 통해 말로 되어 나올 때, 유능한 배우의 입을 통해 내가 전하려는 감정보다도 더 깊은 감정이 살아날 때, 내가 상상했던 캐릭터가 정말로 눈앞에서 생생하게 말하고 움직이고 울고 웃는 것을 볼 때, 그때의 짜릿함이란 말로 다할 수 없다.

시간에 늦을까 봐 마구 뛰었다. 닫히려는 엘리베이터를 향해 달려갔다.

"잠깐만요!"

엘리베이터가 다시 열렸다. 겨우 올라타서 감사하다고 인사를 하려는 순간 멈칫하고 말았다. 가수 A가 타고 있었다. '우왓! A다!' 심장이 덜컥했다. '내가 좋아하는 가순데. 새로 음원 발표를 했던데, 어디 예능 프로그램에 출연하기로 했나?'

연예인을 만났을 때 나처럼 흘끔거리는 게 제일 촌스럽다는 건 안다. 차라리 매달리며 반가워하고 같이 사진을 찍거나 아니면 시크하게 모르는 척하거나 둘 중 하나여야 한다. 하지만 나는 둘 다 못 하고 계속 곁눈질만 했다. '생각보다 키가 작네.'

방송국을 왔다 갔다 하며 일한 지 10년이 되었는데도 아직도 연예인을 보면 신기하다. '와! TV에서 보던 거랑 똑같이 생겼네.' 그런 생각도 한다.

동료 작가 중에는 배우와 아주 친하게 지내는 사람도 있다. 서로 맞는 부분이 있으면 친해질 수도 있다고 생각한다. 직장 동료와 사적으로도 친하게 지내는 사람이 있고 동료는 그냥 동료일 뿐이라고 생각하는 사람이 있는 것처럼. 내 경우엔 여태 내 드라마에 출연하는 배우와는 리딩 때 몇 번 본 게 전부다. 사적으로는 대화 한 번 못 해봤다. 그냥 서로 어려운 거래처 사람을 대하는 느낌이다. 그래서인지 TV에 나오는 사람을 직접 보면 신기하다.

리딩이 끝나고 감독님, 조감독님과 간단하게 저녁을 먹었다.

"우리 기사 난 거 보셨어요?"

조감독님이 휴대폰으로 기사를 클릭해 보여주셨다. 제작사에서 보도자료를 낸 이후 여러 매체에서 우리 드라마를 다뤄주었다. 신문 기사에 내 이름이 나오는 걸 보면 아직도 얼떨떨하다. 예전에 새 드라마를 소개할 때는 무조건 주연 배우의 이름이 제일 앞이었다. 누가 나오는 드라마, 누가 제대하고 처음 택한 드라마, 누가 결혼하고 처음 찍는 드라마, 누구랑 누가 호흡을 맞추는 드라마…… 이런 식이었다. 작가의 이름은 드라마 제목 뒤 괄호 안에 '극본 ○○' 이런 식으로만 들어갔다. 그런데 이제 새 드라마를 소개할 때면 '누구의 신작', '어떤 작가가 어떤 감독과 다시 호흡을 맞추는 드라마'라는 식으로 소개된다. 신문에 활자로 박힌 내 이름. 그 압박감이 얼마나 심한지 가위가 눌릴 지경이다.

그렇지만 어쨌든 기사화된다는 것은 좋은 일이다. 방송 시작 직전과 방송 초기에는 홍보에 총력을 기울여야 한다. 나는 내가 좀 더 유명한 작가가 아닌 것이, 홍보고 뭐고 필요 없을 정도로 관심을 받는 작가가 아닌 것이, 이름값만으로도 시청률 기본은 하는 작가가 아닌 것이 홍보팀에 죄스러울 따름이다.

"드라마 나가면 인터넷 댓글 보세요?"

감독님이 갑자기 물었다.

"볼 시간이 없죠."

"안 보는 게 정신건강에 좋죠."

드라마가 방송되고 나면 수많은 댓글을 일일이 확인하는 작가도 있지만 난 그렇지 않다. 힘을 주는 댓글도 많지만 악플도 있게 마련이니까. 악플은 마치 형광펜을 그어놓은 것처럼 눈에 띈다. 악플을 한 번 보기 시작하면 끝이 없다.

예전에는 드라마를 욕할 때 주로 캐릭터를 욕했다. 왜 저렇게 나쁜 짓을 하느냐, 왜 주인공을 괴롭히느냐. 그러다 배우를 욕했다. 연기를 그것밖에 못 하느냐, 국어책 읽지 마라. 그런데 이제는 작가를 욕한다. 작가가 저렇게밖에 못 쓰느냐, 작가가 드라마 안티냐, 내가 발로 써도 너보다 낫겠다, 나가 죽어라……. 영화는 감독의 예술이고, 드라마는 작가의 예술이라는 말이 있는데, 욕먹을 때 보면 그 말이 맞는 것 같다. 왜 연출을 그렇게밖에 못하냐고 악플이 달리는 경우는 별로 없기 때문이다.

물론 무작정 욕하는 악플만 있는 것이 아니라 조곤조곤 구구절절 옳은 말을 하면서 드라마를 비평하는 사람도 많다. 영상세대 시청자의 눈높이는 엄청 높다. 문화평론을 업으로 삼은 사람보다 훨씬 분석적인 글을 쓰는 시청자도 많다. 그러니 타인의 의견에 귀를 기울이는 열린 자세와 내 중심을 잃지 않고 꿋꿋하게 밀고 나가는 일 사이에서 끊임없이 줄타기를 해야 한다.

그래도 댓글의 경우는 좀 낫다. 지하철을 탔을 때나 카페에 있을 때 전혀 모르는 사람들이 내 드라마 이야기를 하는 경우는 심장이 벌렁거린다. "어제 그거 봤어?", "요새 그 드라마 재미있더라." 귀가 쫑긋 설 수밖에 없다. 언급하는 것 자체가 반갑고 고맙다. 일단 봤다는 것 자체가 감사하고 재미있다고 말해주면 감격스럽다. 같이 차라도 한잔하면서 드라마 뒷이야기를 하고 싶을 정도다.

문제는 드라마가 잘 안되는 경우다. 욕을 먹는 경우는 차라리 낫다. 욕을 먹어도 언급을 한다는 것 자체가 보기는 봤다는 것이다. 잘 안된 드라마는 얘기하는 사람이 없다. 내 이전 드라마가 그랬다. 2년 전 그 드라마. 이제까지 했던 작품 중 가장 고생했던 드라마다. 마음고생뿐 아니라 몸 고생도 했다. 시청자들이 언급 자체를 안 할 정도로 시청률이 안 나오면 이제 욕은 내부에서 먹는다.

시청률이 잘 나오면 일하기도 쉬워진다. 잘하고 있으니 알아서 잘하라고 위에서도 별 간섭을 하지 않는다. 촬영장 분위기도 신이 난다. 밤새우고 힘든 건 마찬가지지만 서로 돕고 힘주는 분위기가 된다. 문제는 시청률이 안 나올 때다. 경쟁 드라마에 비해 시청률 반타작도 못하고 있을 때, 지금 한창 방송 중인데도 아무도 그 드라마 제목도 모를 때, 광고는 줄고 배우는 이름값을 높일 기회를 잃을 때, 스태프는 일을 해도 보람이 없을 때…… 그럴 때 희생양이 되는 것이 바로 작가다. 이렇게 고생하는 이유는 모두의 뒷주머니에 꽂힌 그 대본을 쓴 작가, 현장에 없는 바로 그 작가 때문이라는 공감대가 생기는 탓이다. 연출팀도 촬영팀도 조명팀도 배우들도 모두 작가를 욕한다. 작가는 작가 나름대로 작업실 소파에서 쪽잠을 자며 고생하고 며칠씩 집에 못 들어가는 건 마찬가지인데도! 스태프도 그 사실을 잘 알고 있다. 그래도 누군가는 욕을 먹어야 하고 누군가는 책임을 져야 한다. 스태프들은 추운 촬영 현장에서 무거운 짐을 들고 끊임없이 달리고 차가운 물속에 들어가고 갖은 고생을 다하는데 작가는 펜대나 굴리면서 이 고생을 시키고 있으니 욕을 먹어도 싼 것이다.

사실 비난을 듣는 정도면 그래도 괜찮다. 시청률이 낮으면 그야말로 본격적인 '도움의 손길'이 다가온다. 작가가 느끼기에는 지시와 통제에 가깝지만 성적이 안 좋은 처지이므로 크게 저항하지도 못한다. 공부하는 학생이 성적이 좋으면 자기 계획대로 공부할 수 있지만 성적이 나쁘면 학원 가라, 과외 해라, 온갖 잔소리에 시달리는 것과 마찬가지다. "낮은 시청률을 올리려면 이렇게 해야 된다"라는 요구가 구체적으로 나온다. 드라마 후반부의 에피소드를 앞쪽에 몽땅 몰아넣으라고 요구하기도 하고, 새로 센 캐릭터를 만들어 넣으라는 요구도 나온다. 사공은 많아지고 배는 산으로 간다. 바뀌는 내용대로 대본을 새로 쓰다시피 해야 하니 작가는 그야말로 죽을 맛이지만 정작 아무한테도 위로받지 못한다.

그때 '나는 왜 작가가 되었을까?'라고 후회했다. 밤을 새고 머리를 쥐어뜯어도 이야기는 풀리지 않았고, 왜 내가 재능도 없는 주제에, 능력도 안 되면서 이런 일을 하겠다고 덤벼들었는지 나 자신을 마구 비하하고 한탄했다.

일하는 곳에서 좋은 평가를 받지 못하고 같이 일하는 동료들에게 좋은 소리 듣지 못하는 것만도 괴로운 일인데 내 성적표는 만천하에 공개된다. 1년에 한 번 만나는 당숙모나 동네 이웃이 내가 직업에서 얼마나 인정받는지 내 실적이 어떤지 알고 있다는 건 정말이지 불편한 일이다. 신문에는 늘 시청률 이야기가 나오고 월화 드라마 전쟁에서 누가 이겼느니 누가 졌느니 하는 이야기가 나온다. 드라마가 흥했는지 망했는지 나를 아는 사람, 심지어 나를 모르는 사람들까지 그 사실을 알고 있으니 나는 늘 자기 성적표를 활짝 펴서 등 뒤에 붙이고 거리를 나다니는 것과 마찬가지다.

드라마 끝내놓고 잠깐 쉬고 있거나 또는 새 드라마 준비로 정신없이 바쁠 때도 주변 사람들은 요즘 뭐 하냐, 왜 드라마가 TV에 안 나오느냐고 백수 취급을 하니 그것도 피곤하다. 프리랜서는 늘 백수가 되진 않을까 불안을 느껴야 하는 처지이고 보면 "요즘 뭐 하냐?"라는 질문이 어쩐지 마냥 곱게 들리지 않는다.

물론 더 예전, 드라마 작가가 되려고 노력했던 그 기간을 떠올려보면 지금 하고 있는 이 불평불만은 배부른 소리일 것이다. 그땐 작가 선배들이 자료 조사를 하느라 병원에서 먹고 잔다고 해도, 스트레스 때문에 신경정신과에 다닌다고 해도 다 부럽기만 했다.

내가 드라마 공부를 하던 시절, 같은 꿈을 꾸었던 친구들과 함께했던 옥탑방을 잊을 수 없다. 나는 그때 부모님과 함께 살고 있었는데 내겐 작업실이 필요했다. 독서실이나 카페가 아니라 글쓰기에 푹 빠지고 동료들과 열띤 토론을 벌일 수 있는 작업실. 나는 부모님 눈으로 보기에는 결혼도 못하고 취업도 못한 백수 딸일 뿐이었다. 대학을 졸업하고도 또 드라마 공부를 한다는 딸을 부모님은 말없이 지켜봐주셨다. 그런 부모님에게 작업실이 필요하다는 말은 입이 부끄러워 꺼내놓을 수 없었다. 아르바이트로 돈을 모았다. 친구들 셋과 함께 가장 싼 동네, 가장 싼 방을 얻으러 구석구석 안 다닌 곳이 없다. 그래서 얻은 옥탑방 작업실은 내게는 '꿈꾸는 다락방' 같은 공간이었다.

그곳은 겨울에는 방안에서 입김이 보일 만큼 추웠고, 여름에는 방안에서는 도저히 견딜 수 없을 만큼 더웠다. 무엇보다 옥탑방을 오르는 외부 철계단의 경사가 엄청나게 가팔랐던 것이 기억난다. 오르내릴 때마다 식은땀이 났다. 자장면을 배달하는 아저씨가 현기증이 난다고 못 올라오실 정도였다. 자장면을 시키면 아저씨는 계단 밑에서 소리쳐 우릴 불렀고 우리가 계단 밑으로 내려가 음식 그릇을 받아왔다. 짬뽕 국물을 엎을까 봐 다리가 후들거렸다.

우리는 거기서 드라마를 썼고, 비디오테이프가 늘어질 때까지 좋아하는 영화를 보았고, 서로의 극본을 읽어주고 평해주고, 그러다 싸우고 토라졌다. 한 번 싸우고 나면 며칠씩 작업실에 발길을 끊기도 했다.

나는 매년 모든 드라마 공모에 도전했다. 친구들도 다 그랬다. 그렇지만 매번 엄살을 피웠다.

"이번엔 응모 안 하려고."

"작품 준비 다했어? 난 못했어."

"마지막까지 수정하다가 때려치웠어."

공모의 경쟁률은 수백 대 일이다. 함께 공부하는 친구들의 극본을 읽어보면 다들 수준이 만만치 않다. 매번 빠지지 않고 응모했다가 떨어지고 또 떨어지는 모습을 보여주느니 애초에 응모하지 않은 척한 것이다. 나뿐 아니라 다들 그랬다. 그러다 발표 날짜가 가까워지면 작업실에는 묘한 기류가 흐르고 다들 조금씩 들떴다가 우울했다가 초조했다가 기분이 널을 뛰었다. 당선작이 발표되는 날, 우리는 맛있는 걸 시켜서 함께 먹다가도 울었다.

함께 준비하던 친구 셋 중 하나는 옥탑방 2년 계약이 끝나기도 전에 회사에 취업이 되어 떠나갔다. 다른 친구 하나는 결혼을 했다. 결혼하자마자 아기가 생겨 자연스레 옥탑방 출입이 뜸해졌다. 다른 또 하나는 나와 마찬가지로 희망의 순간과 절망의 순간을 반복하다가 지금은 소식이 끊겼다.

공모에 당선된 것은 준비를 시작한 지 4년이 지난 후였다. 시작할 때는 그렇게 오래 걸릴지 몰랐었다. 물론 주변에서는 그만하면 빨리 데뷔한 것이라고 10년씩 준비하는 사람도 얼마든지 있지 않으냐고 운 좋은 줄 알라고 말했다. 그래도 그 4년은 시작할 때의 자신감이 조금씩 깎여나가 나중에는 땅속으로 파고들어갈 지경이 되는 시간이었다. 나는 어릴 때부터 글쓰기에 재능이 있다는 소리를 많이 들었다. 책읽기를 좋아하고 일기도 꼬박꼬박 썼다. 백일장에 나가 상을 탄 것도 여러 번이고 대학에 다닐 때는 학보에 정기적으로 글을 기고했다. 드라마를 배우러 교육원에 들어가 보니 나 정도의 재능은 재능 축에 끼지도 못했다. 같은 교육원생 중에는 이미 예능 쪽에서 방송 작가로 일하고 있는 사람도 있었고, 자기 책을 낸 사람도 있었다. 습작으로 이미 여러 편의 극본을 완성해서 가지고 있는 사람도 있었다. '그래도 난 어느 정도의 기본은 있다'던 자신감은 금세 흔적도 없이 사라지고 말았다. 글을 쓸 때는 이 극본으로 방송대상이라도 탈 것 같은 마음이 들었다가 다시 읽어보면 땅을 파고 들어가 숨고 싶었다. 희망과 절망의 롤러코스트. 그 말이 딱 맞았다.

내 입장에서는 4년이 정말 지난한 세월이었다고 느껴지지만 주변에는 극본 공모에 10년을 투자하는 사람도 분명 있다. 고시, 공시에 몇 년씩 매달리는 사람들이 많은 것과 마찬가지다. 오래 준비한다고 해서 당선이 된다는 보장이 있는 것도 아니니 중간에 떠나가는 사람도 많다. 어쩌면 나는 다른 기회가 열리지 않았기 때문에 오래 버틸 수 있었는지도 모른다. 또 운도 좋았다. 당선되고도 그 후 몇 년간이나 집필의 기회를 잡지 못해 방송계를 영영 떠나는 사람도 많다. 그에 비하면 당선된 그해에 데뷔할 수 있었던 것은 정말 운이라고밖에 할 수 없다.

공모작으로 데뷔한 뒤 명절 특집극 3부작을 했다. 특집극의 평이 좋아서 그 뒤 미니시리즈를 하게 되었다. 지금 쓰고 있는 미니가 세 번째다. 그동안 10년이 흘렀다. 운이 좋아 초반 드라마들이 어느 정도의 성과를 내었지만 두 번째 미니는 시청률에서 참패했다. 시청률은 낮아도 마니아들이 보는 드라마가 되었느냐 하면 그것도 아니었다. 욕심이 과하다 보니 대중성과 작품성 아무것도 잡지 못한 것이다.

두 번째 미니 이후 다시는 기회가 없을까 봐, 아무도 내게 집필 제의를 하지 않을까 봐, 아무도 내 기획안을 눈여겨보지 않을까 봐, 드라마를 영영 못하게 될까 봐 밤잠 못 자던 날들이 있었다. 그러니 이번 작품은 꼭 반드시 잘돼야 한다. 프리랜서란 그런 것이다. 작가가 되었다고 해서 계속 작가로 일할 수 있는 것이 아니다. 입사시험에 합격하면 큰 문제가 있지 않는 한 그 회사에 계속 다닐 수 있는 것과 달리 프리랜서는 매번 시험을 다시 치르는 것과 마찬가지다. 어쩐지 시험은 날로 어려워지는 것 같다. 작업실로 돌아와 보니 은영이도 우리 작품을 소개한 기사를 보고 있었다.

"기사 잘 나왔죠? 그죠? 새로운 시도, 기대작, 이렇게 나왔잖아요."

"첨엔 다 그렇게 실어주는 거야. 일단 시작하고 나면 또 달라질걸?"

"그래도요. 신문 나고 그러니까 이제 막 떨려요."

은영이는 기사에 난 사진을 캡처해서 스마트폰에 프로필 사진으로 올렸다. 나도 은영이의 기대와 흥분을 이해한다.

신문에 나온다는 것, TV에 나온다는 것. 생각해보면 정말 엄청난 일이다. 내가 뭐라고, 내 친구들도 아닌 사람들이, 내가 전혀 모르는 사람들이 나의 이야기를 들어준다. 들어주고 봐줄 준비를 하고 있다. 내가 공들인 이야기, 내가 하고 싶은 이야기를 들어주고 내가 느낀 것을 같이 느껴주고 같이 울컥하고 같이 웃는다는 것이 신기하기도 하고 감격스럽기도 하고 엄청난 기적처럼 느껴지기도 한다. 그 감동이 바로 내 에너지원이다.

2년간 이 드라마를 준비하면서 정말 많이 힘들었다. 그동안 많이 실수하고 왔던 길을 되돌아가고 헛발질하고 쓰고 다시 쓰고 또 다시 썼다. 방송을 코앞에 두고 있는 지금이 장기 레이스의 마지막 스퍼트 지점이다. 그동안 정신적으로도 육체적으로도 많이 지쳤지만 어쨌든 여전히 쓰고 있다는 것이 감사할 따름이다.

오늘은 그래도 바깥바람을 쐬고 와서 그런지 기분이 상쾌하다. 오늘 밤은 몇 시간이나 잘 수 있을까? 오늘 밤은 몇 잔이나 커피를 마시게 될까? 내일 밤은 집에 가서 잘 수 있을까? 어디서 몇 시간을 자든 꿈 없는 단잠이 되길 바란다.

3장

구성 작가 뜯어보기

드라마가 아닌 것_구성 프로그램

드라마 vs. 드라마가 아닌 것

TV는 24시간 내내 무엇인가를 방송합니다. 뉴스부터 드라마, 코미디, 생활정보, 음악, 다큐멘터리, 토크쇼……. 어떤 장르에 속하는 것인지 확실히 구분할 수 없는 프로그램도 많이 방송되고요.

방송되는 모든 프로그램에는 작가가 있습니다. 작가의 입장에서 프로그램을 크게 나누자면 드라마와 드라마가 아닌 것. 이렇게 두 가지로 나눌 수 있습니다. 드라마가 아닌 프로그램을 구성물이라고 하고, 거기서 일하는 작가를 통틀어 구성 작가라고 말합니다.

'구성'이라는 것은 말 그대로 몇 가지 부분이나 요소들을 모아서 전체를 만드는 것입니다. 방송 프로그램을 잘 뜯어보면 하나를 여러 부분으로 나눌 수 있다는 것을 알 수 있는데요. 휴먼 다큐라면 인터뷰도 하고 집에 관찰 카메라를 달아두기도 하고 그 사람을 따라다니며 찍기도 하는 식이지요.

교양 프로그램 〈역사저널〉 촬영 현장. 출연자들이 대본을 검토하고 있다. (ⓒ백홍종)

세계의 문화를 다루는 다큐멘터리 촬영 현장. 이 같은 프로그램도 구성 작가의 대본을 기본으로 한다. (ⓒ백홍종)

구성물의 종류

구성물은 종합 구성 프로그램과 단순 구성프로그램으로 나눌 수 있는데요. 종합 구성물은 각 방송사에서 하는 〈생방송 오늘아침〉〈좋은 아침〉 등을 대표적인 예로 들 수 있습니다. 스튜디오에 패널들이 앉아서 이야기도 하지만 야외에서 찍어온 영상을 함께 보기도 하지요. 때로 강의도 듣고 무언가 배우기도 합니다. 주말에 하는 쇼버라이어티도 종합 구성물입니다. 단순 구성 프로그램은 말 그대로 구성이 단순합니다. 〈어쩌다 어른〉 등의 강연 프로그램, 〈라디오스타〉 등의 토크쇼, 〈썰전〉 등의 토론 프로그램은 단순 구성물이라고 볼 수 있겠죠.

이것은 프로그램의 형식에 따라 나눈 것이고요 내용에 따라서는 교양 프로그램과 예능 프로그램으로 나눕니다. 방송국도 예능국, 교양국으로 부서가 나뉘어져 있습니다. 피디를 뽑을 때도 예능 피디와 교양 피디를 따로 뽑습니다. 구성 작가도 예능 구성 작가와 교양 구성 작가로 나뉘는 것이지요. 하지만 사람에 따라서는 교양 구성 작가를 그냥 구성 작가라고 부르기도 합니다. 예능 구성 작가는 예능 작가라고 따로 떼어 부르고요. 어떻게 부르든 예능 작가도 구성 작가에 속하는 것은 틀림없습니다.

어떤 프로그램에서 일을 하든 구성 프로그램에서는 작가가 되는 과정이나 하는 일, 프로그램이 만들어지는 시스템은 비슷합니다.

일을 하면서 작가가 되어간다

막내에서 메인까지

프로그램의 성격에 따라 다르지만 1주일에 한 번 하는 주간 프로그램에는 5~10명 정도의 작가가 있고, 매일 하는 프로그램엔 작가가 수십명 이상 투입되기도 합니다.

구성 작가는 가장 중심이 되는 메인 작가와 그와 함께 일하는 서브 작가(꼭지 작가, 보조 작가), 막내 작가(취재 작가, 자료 조사원)로 나뉩니다. 한 프로그램 안에서 메인 작가 한 명과 서브 작가 및 막내 작가가 함께 일하는 것이지요. 서브가 몇 명이고 막내가 몇 명이냐는 프로그램마다 다릅니다.

이것은 직급은 아니고 편의상 그렇게 나눈 것입니다. 같이 일하는 사람들끼리 메인 작가로 부르고, 막내 작가로 부르는 것인데요. 메인이나 서브냐에 따라 원고료에는 확실한 차이가 있습니다. 하는 일에도 물론 차이가 있고요.

메인 작가: 기획에서부터 전체 구성, 편집 구성, 대본 쓰기, 후반 작업 등 프로그램 전반에 걸친 일을 합니다. 같은 팀에 있는 여러 작가의 일을 배분하고 종합하는 책임 작가입니다.

서브 작가: 메인 작가를 도와 전체 프로그램의 구성과 대본 쓰기를 담당합니다. 전체 프로그램 구성 중 한 꼭지를 전담하는 경우가 많아서 꼭지 작가라고도 불립니다.

막내 작가: 여러 작가들을 도와 필요한 자료를 조사하고 정리합니다. 촬영과 편집 구성을 할 수 있도록 사전 준비를 하고 회의 준비도 맡습니다.

보다시피 처음에는 제대로 작가의 업무를 한다고 볼 수 없습니다. 처음 몇 년은 작가의 일을 배워가는 과정이라고 보면 됩니다. 한국방송작가협회의 입회 규정을 보면 교양 파트의 구성 작가는 4년 이상 근무한 경력이 있어야 한다고 명시되어 있습니다. 예능 구성 작가는 그 규정이 5년으로 되어 있고요.

구성 작가는 이렇게 막내 작가로 출발하여 경력을 쌓으며 서브 작가, 메인 작가로 나아가게 됩니다. 말하자면 승진하는 것인데요. 막내 몇 년, 서브 몇 년이라고 정해진 것은 아닙니다. 막내로 일한 지 몇 달 만에 갑자기 자리가 나서 서브가 되기도 하고, 서브 작가만 몇 년을 해도 도무지 메인 작가 자리를 꿰차지 못하는 경우도 비일비재합니다. 그런데 어떤 프로그램 메인 작가였다가 보다 큰 프로그램, 그 방송사의 대표적인 프로그램으로 가면서 다시 서브 작가 역할을 하게 되는 경우도 있어요. 후퇴했다거나 지위가 떨어졌다고 생각할 수도 있지만 본인이 다른 프로그램에서 더 배울 것이 있다고 생각하면 그런 선택도 가능합니다. 새로운 경험, 더 좋은 사람들과의 협업을 위해서 하는 선택인 셈이니까요.

방송 작가는 프리랜서이기 때문에 처음 막내로 어떤 프로그램에 들어갔다고 해서 안정적으로 취업했다고 볼 수는 없습니다. 작가는 프로그램 안에서 '입봉'도 해야 하고, 다른 프로그램으로 옮겨갈 수도 있어야 합니다. 매번 매 순간이 '구직' 과정이라고 할 수 있지요. 힘들게 메인 작가가 되었다고 해도 마찬가지입니다. 개편 때마다 다시 취업을 해야 합니다. 프로그램에 따라 몇 년씩 계속 되는 프로그램도 있지만, 몇 달만 방송되고 금세 없어지는 프로그램도 있거든요. 프로그램이 없어지면 새로운 프로그램에 다시 들어가야 합니다. 그리고 프로그램이 몇 년씩 장수한다고 해서 작가가 그 프로그램에서 계속 몇 년간 일하는 것은 아닙니다. 중간에 더 좋은 조건의 프로그램을 찾아 옮길 수도 있고 여러 가지 이유로 작가가 교체될 수도 있습니다. 개편 때는 많은 수의 작가가 이동합니다. 프로그램이 없어지는 경우에는 당연히 거기 있던 작가 모두가 새 일자리를 찾아야 해요.

어떻게 막내 작가가 되나?

현재 구성 작가는 방송사 공채가 따로 없습니다. 따라서 막내 작가가 되는 길에는 '추천'과 '지원'이 있을 뿐입니다. 추천은 보통 자신이 공부한 곳, 즉 방송 관련 아카데미나 대학 관련 학과에서 이루어집니다. 막내 작가가 필요한 프로그램에서 교육 관련 기관에 추천을 의뢰하면 기관에서 적당한 사람을 소개해줍니다. 추천받은 사람은 이력서나 자기소개서를 내고 면접을 봅니다. 방송사에서 이미 일하고 있는 피디나 작가가 추천하는 경우도 있어요. 누구에게 추천받지 않더라도 스스로 지원할 수도 있고요. 각 방송사에는 구성작가협회라는 것이 있습니다. 그 홈페이지 게시판에는 막내 작가를 구한다는 공고가 자주 올라옵니다. 구인 공고는 일정 시기에 하는 것이 아니라 작가가 필요할 때마다 하는 것이니 관심 있는 사람이라면 늘 주시하고 체크해야 합니다. 지원 역시 이력서와 자기소개서로 합니다. 특별한 양식이 정해진 것은 아니지만 자신의 강점을 독특하고 새롭게 보여줄 방법을 찾는 것이 좋겠죠?

작가가 아닌 다른 일로 방송사 출입을 시작했다가 나중에 작가가 되는 경우도 있습니다. 시청자 비평단 활동을 하거나 프리뷰 아르바이트를 하다가 제작진의 눈에 띄어 작가가 되기도 합니다.

드디어 입봉 서브 작가

막내 작가에서 서브 작가가 되는 것을 방송가에서는 보통 '입봉'이라고 합니다. 서브 작가가 되면 짧은 분량의 꼭지 대본을 쓰게 됩니다. 아무리 짧은 분량의 꼭지 하나를 쓰더라도 '쓴다'는 일이 작가의 가장 중요한 일인 만큼 입봉해야 비로소 작가가 되는 것으로 생각합니다. 서브 작가가 되고 대본을 써야만 비로소 자신의 이름 앞에 작가라는 타이틀을 달 수 있으니까요. 서브 작가가 되면 방송 말미에 소개되는 크레디트에 '작가 ○○○'으로 이름이 올라갑니다. 막내 작가로 일할 때는 크레디트에 보통 '자료 조사 ○○○' 하는 식으로 소개되고요.

막내 작가로 일한 지 빠르면 6개월 후, 보통 1~2년 후에는 입봉하게 됩니다. 이것은 시기가 정해진 것이 아니고 입봉에 무슨 특별한 과정이 있는 것도 아닙니다. 팀에서 똘똘하게 일을 잘하면 어느 날 메인 작가가 "예고 한번 구성해볼래?" 하고 제안합니다. 내레이션을 몇 줄 써보거나 짧더라도 꼭지 구성안을 짜보라며 기회를 주기도 하고요. 이럴 때 자기 실력을 제대로 보여주면 비로소 입봉하게 되는 것입니다.

프로그램이 한창 진행 중인데 갑자기 서브 작가 자리가 비는 경우도 있습니다. 작가들은 프리랜서이기 때문에 방송 도중에도 옮겨가는 일이 잦거든요. 그러면 다른 데서 작가를 구하기보다 팀 내에 있던 막내 작가에게 기회를 줍니다. 프로그램의 기획 의도나 돌아가는 사정을 잘 알고 있으니 외부에서 온 작가보다 더 잘할 수 있겠죠? 입봉이라는 것은 이렇게 실력과 운이 동시에 받쳐줘야 가능합니다.

팀에서 입봉하지 못했다면 개편 때가 기회입니다. 이때는 작가들의 이동이 많습니다. 같이 일하던 선배 메인 작가가 새로운 팀에 들어갈 때 자신과 함께 일했던 막내 작가를 서브 작가로 추천해 함께 옮겨가는 경우도 많은데요. 같이 일을 해봤으니 그 사람의 실력을 믿는 것입니다. 또는 함께 일했던 피디가 새 프로그램을 만들면서 작가로 데려가기도 합니다. 다른 프로그램에 추천하기도 하고요.

평판이 이력서인 메인 작가

그렇다면 메인 작가는 어떻게 새 프로그램에 들어갈까요? 그 과정을 조금 자세히 살펴보면 이렇습니다. 새로 어떤 프로그램이 기획되면 우선 피디가 결정됩니다. 피디는 회사 직원이니까 프로그램으로 발령이 나는 것이지요. 그러면 피디는 함께 일할 제작진, 즉 작가를 구합니다. 예전에 같이 일했던 경험이 있어 작가의 실력에 대해 알고 있거나 혹은 다른 프로그램을 통해서 실력을 검증받았거나 지인의 추천을 받거나 하는 식으로 메인 작가를 구해요. 한 프로그램에는 작가가 여러 명 필요합니다. 메인 작가를 영입하고 나면 메인 작가가 나름대로 나머지 작가진을 꾸리기도 합니다.

이렇게 보면 메인 작가는 무조건 피디와의 인맥만으로 프로그램에 투입되는 것으로 보입니다. 그렇지만 실력과 경력과 관계없는 인맥이란 있을 수 없습니다. 인맥이란 단순히 '누구와 얼마나 친한가'와 전혀 다른 개념이거든요. 방송은 사람이 만드는 것이고 작가의 역량은 방송의 성공에 결정적이라고 할 수 있을 만큼 중요한 것입니다. 아무리 친해도 실력이 있다는 확신이 없으면 작가로 결정할 수 없어요. 그러면 같이 일하는 피디만 괴로워질 것이 뻔하기 때문입니다.

작가에게 인맥이란 '누구와 친한 것'이 아니라 같이 일하는 사람들, 일했던 사람들에게 '좋은 평가를 받는 것'입니다. 그것이 바로 평판입니다. 작가는 평판에 의해 일을 얻는 경우가 대부분이에요. 같이 일을 해봤던 피디가 신규 프로그램에 들어가면서 찾고, 선배 작가가 프로그램을 옮기면서 불러주는 식으로 새 프로그램에 들어가기 때문에 평판이란 이력서나 마찬가지라고 볼 수 있습니다. 실력이 있다 없다, 성실하다 아니다 등 일에 관한 평판뿐 아니라 인성에 대한 평판도 중요합니다. 말했듯이 방송은 협업이기 때문이에요. 같이 일하기에 너무 모나고 까칠한 성격이라면 좋은 평판을 얻기 힘들 것입니다.

프로그램 개편

개편이란 말 그대로 프로그램 편성을 다시 하는 것입니다. 편성은 요일별로 그리고 시간대별로 방송사가 어떤 프로그램을 방영할지 결정하는 일인데요. 이 방송 계획표를 다시 짜는 것이 개편입니다. 개편은 방송사의 간부들과 편성 피디가 맡아서 합니다.

방송하던 프로그램을 없애고 그 자리에 새로운 프로그램을 넣기도 하고, 시간대를 옮기기도 하고, 아니면 요일을 바꾸기도 합니다. 방송 시간을 늘리거나 줄이기도 하지요. 방송사는 보통 1년에 두 번 봄과 가을에 개편합니다. 그러나 요즘은 봄, 가을의 정규 개편 이외에도 수시로 개편을 하기도 해요. 그만큼 경쟁이 치열해졌기 때문인데요. 봄 개편 때 새로운 프로그램을 만들어 편성했는데 기대만큼 시청률이 나오지 않거나 평가가 좋지 않으면 가을 개편까지 기다리지 않고 한두 달 만에 폐지해버리기도 합니다. 작가의 입장에서 개편 때 프로그램이 폐지되면 다니던 회사가 없어지는 것과 마찬가지로 충격이 크지요. 대신 새로운 프로그램이 생기니 개편 시기는 도전해볼 새 직장이 여러 곳 생기는 기회의 시기이기도 합니다.

프로그램에 따라서 10년 이상 계속되는 장수 프로그램이 있고, 몇 달을 버티지 못하고 없어지는 것도 있습니다. 프로그램이 살아남느냐 아니냐의 잣대는 대부분은 시청률입니다. 많은 사람이 보면 살아남지만 외면 받으면 사라지는 것이 방송 프로그램의 운명이지요.

구성 작가의 수입은 얼마나 될까?

작가마다 차이 나는 원고료

드라마 작가의 원고료가 작가의 이름에 따라 차이가 많이 나는 것처럼 구성 작가 역시 사람마다 원고료 차이가 납니다. 방송 작가는 따로 월급이 있는 것이 아닙니다. 방송 1회당 원고료 얼마 하는 식으로 계약이 되지요. 한 달에 4번 방송이 나갔으면 4주 분의 고료가 들어옵니다. 만일 특집 방송이 잡히는 바람에 한 주 방송을 쉬었으면 3주 분의 고료만 들어옵니다. 철저히 일한 만큼 받는 개념이라고 보면 됩니다. 능력 있는 방송 작가는 프로그램을 하나만 하지 않습니다. 메인 작가가 되면 세세한 것들을 조사하고 대본을 쓰는 시간보다는 전체를 조율하고 큰 것들을 결정하는 일을 하므로 여러 프로그램을 동시에 진행하는 것도 불가능하지 않습니다. 두 프로그램을 하면 두 배의 소득, 세 개를 하면 세 배의 소득입니다. 이렇게 해서 고소득을 올리는 방송 작가도 여럿 있습니다.

원고료는 계약하기 나름입니다. 경력과 실력에 따라 사람마다 원고료가 다르게 책정되니까요. 프로그램에 따라서도 다르고요. 시간을 많이 들이고 힘든 과정을 거쳐 만들어지는 프로그램은 원고료가 높은 편입니다. 일주일에 한 번 하는 프로그램과 일 년에 한 번 하는 특집 다큐멘터리의 원고료가 같을 수는 없겠지요?

같은 프로그램을 하더라도 메인 작가와 한 코너만을 전담하는 서브 작가, 그리고 이들을 돕는 보조 작가의 원고료 차이는 큽니다. 프로그램을 여러 개 하고 높은 평가를 받는 메인 작가는 높은 수입을 올립니다. 서브 작가는 그런 메인 작가가 되기 위해 노력하고요.

편차 조절이 시급하다

작가뿐 아니라 대부분의 프리랜서 직종은 '평균 월급이 얼마'라고 말하기 힘듭니다. 사람마다 편차가 크거든요. 그래도 통계를 내어보자면 경력 있는 중견 방송 구성 작가라면 일반 회사에 다니는 직장인의 월급보다 많습니다. 방송 작가는 수입이 좋은 직군에 속합니다. 어떤 직업이 사람들이 선호하는 직업이 되려면 사회적 명예도 있어야 하고 작업 조건도 나쁘지 않아야 하고 수입도 평균 이상은 되어야 합니다. 직업 선호도 조사를 할 때 방송 작가가 꾸준히 상위권에 오르는 이유이지요.

구성 작가들 중에서 막내 작가의 수입은 굉장히 박한 수준입니다. 시간당 최저 임금에도 미치지 못할 때가 있어요. 막내 작가 시절을 거쳐야만 제대로 대우받을 수 있다는 생각에 감내하고 있지만 문제가 심각합니다.

막내 작가 열정 페이

막내 작가들의 처우에 관해서는 예전부터 꾸준히 문제 제기가 있었습니다. 일은 많고 힘든데 급여는 적으니까요. 그런 직업은 누구도 선택하고 싶지 않을 것입니다. 그런데 방송 작가 지망생은 갈수록 늘어납니다. 막내 작가를 거치지 않으면 방송 작가로 성장할 수 없으니 대부분이 울며 겨자 먹기로 고된 막내 작가 시절을 거칩니다. 고참 작가나 프로듀서들에게 자신의 능력을 보여주고 검증받을 수 있는 유일한 기회이기 때문에 대부분의 초보 작가들이 이런 고달픈 입문 과정을 거치는 것입니다

학교나 여타 교육시설에서 배우는 것보다 일을 하는 현장에서 배우는 것이 더 많으니 '일을 한다'는 것보다 '일을 배운다'는 생각이 더 강한 것이 낮은 급여의 원인으로 작용하는데요. 아직 배우는 중이니 제대로 돈을 주지 않아도 된다고 생각하는 것입니다. "힘들면 그만두면 된다. 열정이 있으면 힘들어도 다 극복할 수 있다"라고 강조하는, 이른바 열정 페이 분위기가 만연한 것이죠.

그렇지만 방송의 가장 중요한 자원은 바로 사람입니다. 방송을 만드는 사람이 자신의 가치를 제대로 인정받고 합당한 대우를 받아야 그들이 만드는 방송의 가치도 올라갑니다. 방송을 만드는 데 더 중요하고 덜 중요한 사람은 없으며 모두 각자의 자리에서 자신의 일을 해나가고 있을 뿐이니까요. 막내 작가는 보조적인 역할만 하고 있지만 사실 막내 작가가 하루라도 없으면 일이 제대로 돌아가지 않습니다.

일을 배우는 중이라고 해서 노동시간과 강도에 비해 턱없이 낮은 급료를 책정하

는 것도 옳지 않습니다. 모든 초보들, 회사의 신입사원, 수련의, 햇병아리 교사 등등 처음 일을 하는 사람들은 모두 일을 하면서 일을 배웁니다. 배움을 끝내고 나서 완벽한 실력을 갖추고 일을 시작하는 사람은 없지요. 막내 작가라는 이름의 초보 작가가 특별히 열악한 처우를 감수해야만 하는 이유는 어디에도 없습니다.

지금은 이런 상황에 대해 비판을 하는 사람이 꾸준히 늘어나고 있습니다. 언론 노조가 작가들의 노조 결성을 지원하고 방송작가협회도 아직 회원의 자격을 획득하지 못한 신참 작가들을 지원하는 여러 사업들을 진행하고 있습니다.

가장 열심히 노력해야 하는 사람들이 메인 작가, 서브 작가라고 불리는 기존 작가들입니다. 그들이 "나도 견뎠는데 너희도 견뎌야지"라는 마음을 먹고 있는 한 변화는 오지 않을 것입니다. 막내 작가의 열정 페이 문제는 현재 방송 작가라는 직업의 문제점이자 해결해야 할 숙제입니다.

구성 작가에게 묻다

나이가 많으면 막내 작가로 들어갈 수 없나요?

막내 작가로 들어가는 데 특별히 나이 제한이 있는 것은 아닙니다. 그렇지만 선배 작가들이 시키는 일을 하고, 선배들이 가르치는 일을 배우는 입장이기 때문에 나이가 많으면 힘든 면이 있겠지요. 본인은 괜찮다고 해도 선배들 입장에서 부담스러울 수 있으니까요. 한창 일하고 있는 선배들보다 나이가 많으면 면접에 합격하기도 쉽지 않습니다.

하지만 반드시 그런 것은 아닙니다. 사회생활을 한참 하다 나이가 든 채로 뒤늦게 대학생이 되어 새로운 공부를 하는 사람도 많잖아요? 늦게 시작한 만큼 그들의 공부 열정은 매우 큽니다. 늦게 시작한다 하더라도 방송과 일에 대한 자신의 열정을 보여준다면 그 열정을 알아주는 사람이 반드시 있을 것입니다.

막내에서 메인까지 얼마나 걸리나요?

이것 역시 사람에 따라 다르다고밖에 말할 수 없습니다. 일을 잘한다는 평가, 아이디어가 좋다는 평가를 받으면 금세 서브 작가로 입봉하고 또 어느새 메인 작가로 활약하고 있는 자신을 발견할 수 있을 것입니다. 물론 몇 년의 시간이 걸립니다. 짧으면 3~4년, 길면 6~7년이 걸립니다. 그렇지만 서브 작가로 오랫동안 일했다고 해서 누구나 다 메인 작가가 되는 것은 아닙니다. 그 관문에서 계속 시간만 보내다 영영 메인 작가가 되지 못하기도 합니다. 심지어 방송 일을 10년 이상 했는데도 메인 작가가 되지 못해서 일을 그만두는 작가도 많습니다. 프로그램 중간에 스스로 그만두기도 하고, 본인이 하던 프로그램이 없어졌는데 다른 데서 더 이상 찾아주지 않아 작가 일을 그만두게 되는 경우도 있습니다.

메인 작가가 되어 제대로 방송 일을 해보기도 전에 백수가 될지도 모른다는 불안감을 안고서도 여전히 많은 사람들이 막내 작가에 도전합니다. 그리고 힘든 과정을 버텨 메인 작가가 되기를 꿈꿉니다. 메인 작가가 되면 비로소 자신의 이름을 걸고 방송을 할 수 있고 자신의 아이디어를 실현시킬 수 있고 자신의 대본이 방송되는 것을 볼 수 있기 때문입니다. 메인 작가가 되면 한 번에 여러 프로그램을 할 수 있습니다. 물론 보수도 기하급수적으로 올라갑니다.

구성 작가는 대학을 꼭 나와야 하나요?

구성 작가가 되는 데 학력 제한 기준은 전혀 없습니다. 공채가 없으니 서류전형도 없죠. 물론 지원할 때 이력서를 내지만 고졸이냐 대졸이냐

하는 간판은 의미가 없습니다.

우리 사회에서 대학 간판은 일종의 학업 성적표 같은 역할을 하는데요. 작가가 되는 데 성적표를 요구하는 곳은 없습니다. 성적이란 일종의 자기소개서 같은 것입니다. 국어, 영어, 사회 등의 인문 계열 성적은 좋은데 수학 과학은 바닥이라면 그 사람의 적성을 알 수 있겠죠. 전반적으로 다 좋은 성적은 그 사람의 성실성을 말해주고요. 전반적으로 다 나쁜 성적이라면 나쁜 성적의 이면에 무엇이 있는지를 스스로 보여주어야 합니다. 학창시절에 공부를 등한시했다면 그 대신 무엇을 했는지, 학과 공부 외에 어떤 일에 시간과 마음을 쓰고 어떤 경험을 했는지 설명할 수 있어야겠죠. 학과 공부보다 그 경험이 훨씬 더 값질 수도 있으니까요.

결론적으로 작가에게 대학 졸업장은 '경험'으로서의 의미를 가집니다. 대학을 다니는 동안에 공부만 하는 것은 아니잖아요? 동아리 활동을 비롯해 대학생으로서 할 수 있는 많은 일들을 경험하고, 다양한 친구들과 만나고, 관심사에 대해 깊게 배우기도 합니다. 그러니 이력서를 받아보는 사람들도 전공이나 학점보다는 대학생 시절에 봉사활동을 하고 방송반이나 연극반 활동을 하고 아르바이트로 어디선가 일을 하고 배낭여행을 가고 자전거 일주를 했던 다양한 경험을 더 높이 사겠지요. 방송이 워낙 다양한 일들을 다루니 이런저런 일을 겪고 느끼고 체험했던 과정이 어디서든 도움이 되리라고 기대하는 겁니다.

그러니 대학을 나왔는지 아닌지보다 그 시간을 어떻게 보냈는지 무엇을 하며 보냈는지가 더 중요합니다. 대학에 다니지 않았다고 해도 그 시간에 창업의 경험이 있다거나 특별한 직업 체험을 했다거나 자전거 세계 일주를 했다거나 하는 경험이 더 환대받을 수 있는 곳이 방송국입니다.

구성 작가가 되려면 어떤 전공이 유리한가요?

방송국에서 일하는 구성 작가들의 전공은 아주 다양합니다. 신문방송학과나 문예창작학과 졸업자가 많지 않을까 싶겠지만 꼭 그렇지는 않습니다. 대학 신설학과로 방송과 작가 전공이 생기기도 했는데요. 프로그램 제작진에 따라 작가를 구할 때 전공 졸업자를 우대할 수도 있겠지만 특별히 우대 규정이 있는 것은 아닙니다. 어떤 프로그램의 경우 특정학과 출신을 더 선호할 수는 있습니다. 예를 들어 역사 교양 프로그램이라면 사학과 출신을 선호하겠죠. 과학 관련 프로그램이라면 공과대학 출신이 일을 더 수월하게 할 수 있을 테고요. 그렇지만 작가는 계속 역사 프로그램이나 과학 프로그램만을 할 수 없습니다. 어차피 이곳저곳 옮겨 다녀야 합니다.

방송 작가라면 어떤 특별한 전공보다는 되도록 다양한 것들에 관심을 가지고, 사회 전반적인 분야에 대한 기초 지식과 교양을 두루 섭렵하는 편이 좋습니다. 방송에서는 음식을 다루기도 하고 시사 문제를 다루기도 하고 개나 고양이 등의 반려동물 이야기도 합니다. 부부문제를 다루다가 다음에는 우주 이야기를 할 수도 있고요. 그러니 특정한 어느 부분만을 잘 알고 있는 것보다는 두루두루 넓은 세상, 많은 인간사에 다 관심을 두고 더 공부하고 배우려 하는 마음가짐을 가지는 것이 중요합니다.

4장

예능 작가
뜯어보기

친구 같은 예능 프로그램

예능의 정의와 영향력

예능이란 즐거움과 재미를 주는 목적으로 만들어진 프로그램을 말합니다. 뮤직쇼, 버라이어티쇼, 코미디 프로그램, 토크쇼, 시트콤 등이 예능에 속합니다.

그렇지만 예능 프로그램이 단순히 재미만 추구하는 것은 아닙니다. 2000년 초반에 방송된 MBC 예능 프로그램 〈느낌표〉에는 '책, 책, 책을 읽읍시다!'라는 코너가 있었습니다. 유재석, 김용만이 함께 진행한 프로그램으로 당시에 큰 인기가 있었고 지금도 기억하고 있는 사람이 많습니다. 책을 소개하고 책읽기를 권장하는 프로그램이었는데, 단순히 독서 권장을 하는 데서 그치지 않고 더 나아가 전국 각지에 '기적의 도서관'이라는 이름으로 어린이 전용 도서관을 건립하기도 했지요.

방송에서 소개된 책은 당장 베스트셀러에 올랐고 출판사에서도 책에 '느낌표 선정도서'라는 띠지를 둘러서 판매했습니다. 「봉순이 언니」, 「그

음악 토크쇼 촬영 현장 (ⓒ백홍종)

음악 토크쇼 촬영 현장 (ⓒ백홍종)

많던 싱아는 누가 다 먹었을까」, 「괭이부리말 아이들」, 「아홉살 인생」, 「혼자만 잘 살믄 무슨 재민겨」 등이 프로그램에 소개된 책들입니다. 예능 프로그램이 그 시기 전 국민에게 독서 열풍을 불러일으킨 것이지요.

트렌드를 개척하고 열풍을 만들다

방송은 여행 열풍을 만들기도 합니다. tvN 〈꽃보다 누나〉는 그때까지만 해도 우리나라에 잘 알려지지 않았던 크로아티아를 여행지로 택했습니다. 유명 여배우들이 배낭여행을 하는 콘셉트인 이 프로그램이 방송되고 난 뒤 크로아티아를 방문하는 한국인들이 5배나 증가했다고 합니다. 크로아티아 관광국 관리가 우리나라에 감사의 뜻을 표하기도 했지요. 이보다 앞서 〈꽃보다 할배〉라는 제목으로 나이든 남자배우들의 배낭여행이 방송되었는데요. 평균 연령 78세의 할아버지들이 스페인, 대만, 그리스 등의 여행지를 가이드 없이 여행하는 프로그램이었는데 방송 이후 노년층에 배낭여행 바람이 불었습니다. 이제까지 배낭여행이라면 젊은 사람들만 가는 것으로 인식되어 있었는데 방송이 그 인식을 바꾼 것입니다.

또한 〈슈퍼맨이 돌아왔다〉라는 육아 예능 프로그램이 아빠들의 육아 참여를 더 이끌어냈다는 점은 인정받을 만한 일입니다. 이처럼 사람들은 예능 프로그램과 함께 즐거운 시간을 보내기도 하지만 의미 있는 영향을 받기도 합니다. 마치 친한 친구처럼요.

파일럿 프로그램

파일럿은 정규 방송을 하기 전에 미리 한두 편 만들어 내보내서 반응을 지켜보는 일종의 샘플 프로그램입니다. 보통 설과 추석 명절에 많이 만들어요. 파일럿을 내보낸 뒤 시청자의 반응이 좋으면 정규 프로그램으로 편성됩니다. 인기 있는 예능 프로그램은 대부분 파일럿을 만들어 내보낸 뒤 편성된 것들입니다. <복면가왕>도 그렇고 <마이리틀 텔레비전>이나 <슈퍼맨이 돌아왔다>도 파일럿 단계를 거쳤습니다. 프로그램이 성공할지 아닐지 확신할 수 없는 상태에서 정규 편성을 하기에는 부담스러울 때 파일럿을 편성합니다. 예능 프로그램의 시청률 경쟁은 상당하거든요. 예능뿐만 아니라 다른 장르에서도 파일럿 프로그램은 점점 더 많이 만들어지는 추세입니다.

예능 작가는 어떤 일을 하나?

예능 프로그램은 어떻게 만들까?

예능 프로그램을 보면 작가가 어떤 일을 하는지 쉽게 보이지 않습니다. 드라마라면 배우의 대사가 있고, 교양 프로그램도 진행자의 진행 멘트, 다큐멘터리의 내레이션 등 작가가 쓴 글이 들립니다. 그런데 예능 프로그램에서는 어느 부분에 작가가 관여하는 것일까요? 과연 예능에도 대본이 있을까요?

　대답은 "예"입니다. 다만 예능 대본은 우리가 흔히 생각하는 대본과는 많이 다릅니다. 예능 대본이 어떻게 다른지, 예능 작가는 어떻게 다른지 알려면 예능 프로그램이 어떤 식으로 제작되는지 먼저 살펴봐야 할 것입니다. 쉽게 토크쇼의 예를 들어볼까요? 매주 화제가 되는 인물을 섭외해 이야기를 듣는 토크쇼라고 해봅시다. MBC 〈라디오스타〉, KBS의 〈해피투게더〉 등이 예능 토크쇼라고 할 수 있습니다. KBS 〈안녕하세요〉도 일반인의 사연을 받아 진행하는 토크쇼입니다.

제작 순서를 보면 우선 기획 회의를 해서 주제를 정합니다. 어떤 사람을 섭외해 어떤 내용으로 프로그램을 채울지 정해야죠. 어디서 어떻게 찍을지도 정합니다. 프로그램에 따라 스튜디오 녹화, 야외 녹화 등이 미리 정해져 있지만 때에 따라서는 매회 장소를 옮겨 다니기도 하기 때문입니다.

주제가 정해지면 주제에 맞는 사람들을 선별하여 섭외에 돌입합니다. 섭외 먼저 하는 경우도 있고, 섭외된 사람들에 맞는 주제를 선정하는 경우도 있는데요. 이 두 가지는 유기적으로 연결되어 있습니다. 방송에 나와 달라고 한다고 해서 누구나 응해주는 것은 아니거든요. 우리 프로그램에서 관심을 갖는 사람은 다른 프로그램에서도 관심을 갖고, 유명하고 화제가 되는 사람일수록 섭외하기는 더 어렵습니다. 예능 작가의 자질 중에 섭외력을 1순위로 꼽는 사람이 많은 것도 이 때문입니다. 섭외력이란 것은 얼마나 끈기 있고 절실하게 사람에게 다가갈 수 있느냐에 달려 있겠죠.

게스트가 정해지면 자료를 준비합니다. 그 게스트에 대한 모든 정보를 다 모아보는 것입니다 인터뷰 자료, 동영상 자료, 책, 잡지, 신문기사, 주변 지인들의 이야기 등 모을 수 있는 모든 자료를 살펴봅니다. 게스트에 대해서 정보가 많으면 많을수록 이야깃거리가 많아지거든요. 다양하고 재미있는 질문도 만들 수 있고요.

그 후에 게스트와 사전 인터뷰를 실시합니다. 사전에 충분한 대화를 나누면서 실제 프로그램에서 어떤 이야기를 나누는 것이 좋을까를 미리 구성해보는 것이지요. 이때 구성안을 만듭니다. 구성안이라는 것은 처음에 어떻게 시작하여 어떤 흐름으로 프로그램을 끌고 갈 것인가 미리 틀을 짜두는 것입니다.

그러고 나서 대본을 만듭니다. 방송이 어떻게 출발해서 어떤 과정을 거쳐 끝나는지 대본으로 만들어 정리합니다.

스태프들은 '큐시트'라는 것을 만들어 나눠 가집니다. 큐시트에는 프로그램 녹화의 순서가 시간 순으로 정리되어 있습니다. 기술, 조명, 음향, 카메라, 세트, 소품, 의상 등 제작에 관여하는 전 스텝진이 프로그램 녹화의 순서를 알고 어느 때 무엇이 필요한지 미리 알고 자신이 해야 할 일을 체크하는 것입니다. 큐시트는 전문 방송 용어들을 사용하여 무척 복잡하고 방송인이 아니면 잘 알아보기 힘듭니다.

그리고 녹화를 합니다. 프로그램에 따라 정해진 스튜디오에서 녹화할 수도 있고 야외로 나가기도 합니다. 녹화 장소가 주마다 달라지는 프로그램도 많습니다.

녹화가 마무리되면 편집이 남아 있습니다. 프로그램은 1시간 분량이라고 하더라도 실제 찍어온 영상은 수십 시간입니다. 그 영상들 중에서 쓸 만한 것, 재미있는 것을 골라내기 위해서는 프리뷰라는 과정이 필요합니다. 프리뷰란 그 수십 시간의 영상에 무엇이 찍혔는지를 일일이 써서 정리해두는 것입니다. 매번 영상을 다시보고 돌려보고 할 수는 없으므로 프리뷰를 해놓고 프리뷰 자료를 한눈에 보면서 못 쓰는 것들을 골라내고 쓸 만한 것들만을 가지고 편집하는 것입니다. 편집은 피디 또는 전문 편집자가 하지만 프리뷰 자료가 없으면 편집이 불가능합니다. 프리뷰는 작가가 하기도 하고 전문 프리뷰어를 두기도 합니다.

프리뷰한 자료를 가지고 편집 구성안을 만듭니다. 어떤 화면을 어떻게 이어 붙일지 계획을 세우는 것인데요. 편집 구성안이 있어야 효율적인 편집이 되고 어디에 어떤 자막을 넣을지 어느 부분에 효과음이 필요한지 어떤 사후 작업이 필요한지 알 수 있습니다.

정리해보면 예능 작가는 프로그램을 기획할 때부터 방송을 내보내는 마지막 단계까지 대부분의 과정에 관여한다고 볼 수 있습니다. 물론 작가들이 이 일을 다하는 것은 아닙니다. 프로그램의 전체 지휘와 책임을 맡고 있는 피디와 함께 일합니다. 어디서부터 어디까지는 피디의 일이고 어디부터 어디까지가 작가의 일인지는 명확히 나누어져 있지 않습니다.

프로그램의 출발_기획 회의

예능 프로그램의 출발은 언제나 회의입니다. 여러 사람이 의견을 모아야 하기 때문에 하루에도 몇 번씩 회의가 있죠.

기획 회의에서는 그 주의 아이템, 주제가 결정됩니다. 예를 들어 토크쇼라면 "이번 주는 얼굴 큰 사람들 특집을 하자", 아니면 "조폭 전문 배우 특집을 하자" 하는 식입니다. 피디와 작가가 함께 이 회의를 합니다.

회의를 위해서는 당연히 준비를 해야겠죠. 다른 작가와 피디의 관심과 흥미를 끌 주제들을 여럿 준비해야 합니다. 주제가 정해지면 무엇이 필요한지, 어떤 게스트를 섭외하는 것이 좋을지, 특별한 소품이 필요한 게 있는지, 특별한 장소나 장치가 필요한 것은 아닌지 점검합니다.

사실 회의는 한 번에 끝나는 것은 아니고 프로그램 녹화 준비를 하는 내내 계속 점검 회의를 해야 합니다. 전체 아이템 회의 후에는 구성 회의도 있고 가대본 회의, 촬영 점검 회의 등등 회의는 많기만 합니다.

회의 테이블에 둘러앉아 노트를 펴 들고 하는 회의도 있겠지만 함께 점심 먹으러 가서 아니면 커피 한 잔 들고 마주친 복도에서 또는 전화로, 또 때로는 단체 대화방에서 끊임없이 의견을 주고받고 상황을 보고합니다. 촬영을 위해서는 정말 많은 사람들과 약속을 잡아야 하고 조율을 해야 하기 때문입니다.

예능의 시작과 끝_섭외

예능은 스튜디오 촬영물이든 야외 촬영물이든 대부분 게스트가 있습니다. 고정 MC가 있고 그 주의 핫한 인물이 게스트로 참여하여 게임을 하든 토크를 하든 무언가를 하고 그 과정에서 재미를 유발하는 포인트를 찾는 것입니다. 그래서 예능의 반은 섭외, 유능한 예능 작가의 능력은 섭외력이라는 말이 나오는 거죠.

섭외 1순위는 당연히 지금 한창 화제가 되고 있는 사람들입니다. 시청자들이 보고 싶어 하는 사람을 보여주는 것이 가장 좋은 선택이니까요. 결혼을 발표한 연예인, 좋은 성적을 거둔 스포츠 스타, 만나고 싶은 정치인 등등 많은 사람이 관심을 가지고 있는 대상을 섭외하는 일은 결코 쉽지 않습니다. 방송에 불러내는 일 자체가 힘들기도 할뿐더러 한 방송에서 섭외하려는 사람은 다른 방송에서도 눈독을 들이고 있기 때문입니다. 원하는 사람을 자기 프로그램에 출연시키기 위해 작가들은 온갖 공을 들입니다.

물론 연예인 쪽에서 출연을 원하는 경우도 있습니다. 새 음반이 나온 가수나 영화 개봉작이 있는 배우, 새로운 드라마의 출연진들이 한꺼번에 출연하기도 합니다. 그렇다고 해서 예능 프로그램이 누군가의 홍보

수단으로만 이용되어서는 안 되겠죠.

그래서 무작정 섭외가 아닌 내용을 가진 섭외가 중요하답니다. 여러 사람을 섭외할 때는 어떤 공통점이 있는지, 이들을 모아놓으면 어떤 새로운 장면을 보여줄 수 있을지 꼼꼼히 기획해야 합니다.

예능 작가가 되었다고 해서 누군가 연예인들의 연락처를 통째로 넘겨주는 것은 아닙니다. 게다가 유명인들은 늘 전화번호가 바뀝니다. 검색을 해봐도 회사 번호만 알 수 있을 뿐이고 아예 소속사가 없는 연예인들도 많습니다. 연락처를 알았다고 해도 직접 통화하기는 하늘의 별따기입니다. 누구의 친구, 예전에 같이 드라마를 찍었던 사이, 같은 소속사에 있던 누군가 등등 지인의 지인, 온갖 인맥을 총동원하여 연락처를 알아내고 또 갖은 수단을 다해 설득해야 합니다. 직접 통화하거나 만나지 못하면 그 사람이 갈 만한 곳을 찾아가서 우연한 만남을 기대하기도 합니다. 그래서 예능 작가들 사이에서는 마치 족보처럼 선배들의 수첩이 전해지기도 해요. 그 수첩에는 유명인의 전화번호부터 주소, 그 사람과 친한 사람의 전화번호, 단골 미용실, 야식집, 술집, 사우나 등등의 정보부터 기르는 개의 이름까지 적혀 있다는 이야기가 있지요.

섭외는 지난한 기다림의 과정입니다. 지금은 섭외에 실패했더라도 다음 달에는 또는 내년에라도 프로그램에 나와 줄지도 모르기 때문에 계속 끈질기게 연락을 취해두어야 합니다.

섭외는 대면 섭외가 최고입니다. 전화 연락이 아니라 직접 얼굴을 보고 하는 것이 좋다는 의미인데요. 얼굴을 마주보고 하는 부탁은 아무래도 거절하기가 힘들거든요. 한 예능 작가는 섭외를 위해서 톱 가수의 뮤지컬을 매회 관람했다고 합니다. 갈 때마다 꽃을 사 들고 가서 출연해 달라는 이야기는 꺼내지도 않았던 거죠. 그렇게 열 번쯤 가고 나니 그 쪽에서 먼저 출연하겠다고 했다는 이야기가 전해집니다.

섭외는 작가도 하고 피디도 합니다. 필요하면 담당 피디가 아니라 그 위 상사인 책임 피디나 국장이 직접 나서기도 합니다. 예능에서 섭외가 차지하는 비중이 크다 보니 가능한 모든 방법을 동원하는 것이지요.

섭외할 때도 아이디어가 있어야 합니다. 어떤 주제로 어떤 이야기를 위해 이 사람을 섭외하는지를 정해야 하는 것입니다. 콘셉트가 마음에 들면 안 나올 사람도 나옵니다. 다른 게스트들과의 조합도 신경 써야 합니다. 같은 사람이라도 누구와 함께 출연하느냐에 따라 전혀 다른 모습을 보여주기도 하니까요.

파고 또 파고_자료 조사

게스트를 섭외한 다음에는 본격적으로 자료 조사에 돌입합니다. 게스트에 대해 모든 자료를 찾아보고 분석해보는 것입니다. 자료가 많으면 많을수록 할 이야기도 많아지고 질문도 많아지고 보여줄 수 있는 것도 많아집니다. 프로그램이 토크쇼라고 해도 앉아서 이야기만 해서는 재미가 없으니 할 수 있는 것들, 노래나 춤이나 각종 개인기, 특별히 더 보여줄 수 있는 것이 있는지 철저히 조사합니다.

이미 다들 알고 있는 이야기, 이미 본 개인기, 다른 프로그램에서 얘기했던 에피소드 같은 것들을 재탕하면 재미는커녕 비난만 받습니다. 바로 여기에 딜레마가 있습니다. 이른바 A급 스타, 인지도가 높고 인기가 있는 사람일수록 사람들은 그에 대해 알고 있는 게 많으니까요. 많이 알려진 사람의 모르는 이야기를 또 찾아내야 하기 때문에 어려운 일인 것입니다.

자료를 조사할 때, 기존의 인터뷰 내용과 신문이나 잡지의 기사, 예전 방송 내용들을 정리하는 것은 기본입니다. 그것에 더해 그의 팬카페를 공략하는 방법도 있습니다. 방송에서는 하지 않았지만 팬들과 직접 만났을 때 나눈 이야기가 있지 않은지 숨겨놓은 다른 모습이 있지는 않은지 알아보는 것이죠. 그와 가까운 지인들에게 제보를 받는 방법도 있고요. 탄탄히 자료 조사를 해두면 사전 인터뷰도 수월하게 진행됩니다. 자료가 있어야 인터뷰에서도 알맹이 있는 질문을 할 수 있으니까요.

게스트에 대한 자료 조사만 있는 것은 아닙니다. 프로그램 안에 게임 코너가 있다면 더 새로운 게임, 더 재미있는 게임을 알아보고 직접 해보는 것도 자료 조사에 속합니다. 이 단계에서 할 수 있는 것과 없는 것을 구별해야 하거든요.

알아야 대비한다_현장 조사

스튜디오 녹화가 아닌 야외 녹화의 경우 장소를 물색하고 녹화가 잘 진행될 수 있도록 그 주변 상황을 미리 준비해두는 것도 작가가 할 일입니다. 야외 녹화는 현장 답사가 녹화의 성패를 좌우합니다. 녹화를 할 그곳에 무엇이 있느냐 지형이 어떠하냐에 따라 새로운 아이디어가 생겨납니다. 근처에 호수나 바다가 있으면 물을 이용한 상황을 만들 수 있습니다. 대나무 숲이 있는 곳과 넓은 평지가 있는 곳에서는 게임의 종류도 달라집니다.

140

무엇이 있는지 살펴보고 어디서 어떻게 촬영이 가능한지 살펴봐야 합니다. 도로를 통제해야 한다면 시간대별로 교통량을 알아봐야 합니다. 근처에 가게가 많다면 상인들에게 미리 양해를 구해두어야 하지요. 촬영 도중에 항의가 들어오면 난감하잖아요? 무슨 법적인 문제가 있지는 않은지 일어날 수 있는 모든 상황을 미리 예상하고 준비하고 대기시키고 대응책을 마련합니다.

마련한 소품을 이 공간에서 쓰는 게 가능한지 다른 소품을 준비해야 하는지도 미리 체크합니다. 갑자기 필요한 물건이 생겼을 때 그것을 살 수 있는 상점, 예를 들어 약국이나 슈퍼마켓은 얼마나 떨어져 있는지 살펴보고 근처에 여러 사람이 한꺼번에 밥을 먹을 수 있는 곳은 있는지도 챙겨봅니다. 현장에 가서 알아봐야 할 것은 정말 많고 많이 알아볼수록 촬영 때 우왕좌왕하지 않습니다.

현장은 카메라가 비추는 곳, 그곳만이 아닙니다. 그 주변, 가까운 곳에 무엇이 있는지도 알아두어야 해요. 정말 어쩔 수 없는 사태로 현장을 옮겨야 할 수도 있거든요. 주변을 미리 알고 있으면 돌발 상황에도 대처할 수 있습니다. 현장을 잘 알아야 현장 대응력이 생깁니다.

예능 대본은 프로그램의 지도다

예능에도 대본이 있다

"예능에도 대본이 있어?"

예전에는 이런 질문을 하는 사람이 많았습니다. 그러나 지금은 예능 프로그램에 미리 준비된 대본이 있다는 것을 많이 알고 있습니다. 물론 예능 대본은 드라마 대본과 다릅니다. 정해진 대사와 행동을 출연자들이 그대로 하는 '드라마 극본' 같은 대본은 없어요. 예능 대본은 일종의 가이드라인 역할을 합니다.

토크쇼 대본이라면 오프닝 멘트를 하고 진행자가 출연자 소개를 하는 것이 시작이겠죠. 주요한 질문 내용을 정리하고 그에 대한 간략한 대답들을 정리해둔 대본이 있습니다. 예능의 대본은 미리 자료를 조사하고 사전 인터뷰한 내용에 따라 만들어집니다.

녹화는 대본의 순서대로 진행되지만 출연자가 대본에 없는 반응을 한다든가 다른 사람 이야기 순서에 끼어든다든가 하는 일이 벌어질 수

142

도 있습니다. 순서가 뒤죽박죽 섞이기도 하지만 노련한 진행자는 이야기가 원래의 길을 크게 벗어나지 않도록 잘 이끌어가지요.

작가가 만든 대본은 제작진과 출연자들이 공유합니다. 대본을 본 출연자가 이런 질문은 빼 달라, 이건 안 하겠다, 이걸 물어봐 달라 요구하기도 합니다. 밀고 당기며 타협을 봐야 해요. 때로는 출연자에게 대본을 전혀 보여주지 않기도 합니다. 무엇이 더 좋은가는 생각하기 나름입니다. 대본을 못 본 상태에서는 미리 준비되지 않은 날것의 반응을 기대할 수 있지만, 이야기가 중구난방 정리되지 않는다는 단점이 있지요.

리얼 버라이어티쇼에서의 대본은 더 간략합니다. 리얼 버라이어티에서는 출연자의 말과 행동을 정리한 대본이 없습니다. 대본에는 상황만 나와 있습니다. 어떤 상황을 만들어놓고 그 안에 출연자를 던져놓는 거예요. 게임을 정하고 퀴즈 문제를 만들고 어떤 규칙을 만들어놓거나 갈등 상황, 대결 상황을 만들어놓고 반응을 지켜보는 것입니다. 단순히 가위바위보 게임만 해도 누가 이길지 모르기 때문에 대본을 다 써두는 것은 불가능하겠죠? 관찰 예능도 마찬가지입니다. 대본은 상황을 꼼꼼히 만들어두는 역할을 합니다. 어디에 갈지, 가서 무엇을 할지를 정해놓고 어떤 일이 벌어지는지 지켜보는 것입니다.

드라마에서는 배우들이 대본을 외우지만 예능에서는 그럴 수 없어요. 대본대로 녹화가 진행되는 것도 아니고요. 그래서 예능 프로그램을 보면 진행자가 손바닥 크기 정도의 작은 종이를 여러 장 들고 있는 것을 볼 수 있습니다. 흔히 '큐카드'라고 부르는데 이것이 바로 간략한 대본입니다. 대본을 아주 간략하게, 포인트가 되는 단어들만 적어서 만든 것입니다. 예능이 대본대로만 진행되면 오히려 이런 큐카드는 필요 없을 것입니다. 진행자가 대본을 외우면 되니까요. 그렇지만 녹화를 하다 보면 대본대로, 순서대로 진행되지 않습니다. 길을 가다가 샛길로 샜다 가도 어느 부분에서 그렇게 된 것인지 알고 되돌아와 다시 제 길을 가려면 꼭 지도가 필요하죠. 그래서 진행자들이 큐카드 형식의 대본을 들고 있는 것입니다.

예능 작가는 길 위에서 글을 쓴다

예능 작가는 글을 씁니다. 그러나 다른 글쓰기처럼 문장을 다듬고 어휘를 고르는 작업을 할 시간은 거의 없습니다. 예능 대본을 보면 완성된 문장이라기보다는 뜻만 통하도록 핵심 단어들을 나열한 경우가 많습니다. 그것을 얼마나 맛깔나게 표현하느냐는 출연자들의 역량에 달린 것이지요.

그런데 한마디 말, 간단한 동작 하나를 놓고 오랜 시간 골머리를 앓는 경우도 있습니다. 상황을 더 재미있게 표현하기 위해서, 사람들의 입에 오르내리도록 쉽게 말해 유행어가 되도록 세심하게 말을 고르는 것이죠. 유행어는 우연히 던진 한마디가 어쩌다 보니 유행이 되기도 하지만 이렇게 의도적으로 노력하여 만들기도 합니다. 개그맨이나 예능 출연자들이 준비해온 것을 같이 수정하기도 하고 작가들이 만들어 출연자에게 제안하기도 합니다. 마치 광고 카피를 뽑듯이 고르고 골라서 쓴어떤 말이 포털 사이트 실시간 검색어에 오르거나 유행어가 되면 정말 짜릿한 기분입니다.

예능 작가의 글쓰기는 길에서 이루어집니다. 책상 앞에 앉아서 혼자

고뇌할 시간은 없습니다. 대본을 쓰고 그 대본을 모두 읽어보고 촬영에 들어가지만 예능은 절대 대본대로 진행되지 않습니다. 이야기를 하다 보면 또는 남의 이야기를 듣다 보면 갑자기 더 재미있는 이야깃거리가 생각나기도 합니다. 예견하지 못했던 돌발 상황이 발생하기도 하고, 이야기가 샛길로 빠지기도 합니다. 작가는 이때 순발력을 발휘해야 합니다. 전체 흐름에 방해가 되지 않는 선에서 계속 대본을 고쳐나가는 겁니다. 그런데 녹화 진행 중에 다시 대본 회의를 할 수도 없고 진행자를 불러 새 대본을 건네줄 수도 없습니다. 그때 쓰는 것이 '스케치북'입니다. 녹화를 하면서 처음에 생각했던 것과 상황이 달라지면 그 상황에 따라 또 다른 대본이 필요하겠죠. 그때 필요한 진행 멘트나 MC가 놓치지 않아야 할 것들을 스케치북에 써서 보여주는 것입니다. 이렇게 하면 촬영을 끊지 않고도 작가의 의사를 전달할 수 있어요. 상황을 봐가면서 대본 중 삭제할 부분을 판단하고 분량을 조절하면서 내용을 수정하고 새로 들어갈 내용을 정리해 보여주어야 하는 것입니다. 결론적으로 예능 작가의 글쓰기 능력은 순발력, 과감성이 좌우합니다.

예능 작가가 되려는 당신에게

어떻게 예능 작가가 되나?

예능 작가는 구성 작가입니다. 보통의 구성 작가처럼 예능도 막내 작가부터 시작합니다. 그 뒤 서브 작가가 되고 더 경력을 쌓아 메인 작가가 되는 것입니다.

막내 작가를 구하는 쪽에서는 방송 작가 아카데미나 강사나 방송 작가 관련 학과 등에서 교수의 추천을 받습니다. 방송사, 또는 작가협회 홈페이지에 작가 구인 공고를 해서 지원을 받기도 하지요. 그 뒤 이력서를 보고 면접을 거쳐 작가를 구하게 됩니다.

이력서를 보고 면접을 보는 사람들은 당연히 제작진입니다. 같이 일을 하게 될 사람이 같이 일할 사람을 뽑는 것입니다.

어떤 사람이 예능 작가에 어울릴까?

예능 작가의 가장 큰 자질은 '사람에 대한 관심'입니다. 방송이란 결국 사람을 다루는 것이니까요. 특히 예능 프로그램은 '사람이 다른 사람들과 어울려 무엇을 하는 것'이 기본 내용입니다. 사람이 다른 사람과 함께 노는 것, 동물과 어울리는 것, 자연으로 나가 지내는 것 등등 모두 사람에게 관심이 있어야 할 수 있는 일입니다. 사람을 좋아하고 사람 상대하는 일을 좋아해야 관심과 흥미도 생기는 법이죠. 혼자 지내는 걸 좋아하고 타인에게 애정이나 흥미가 없다면 예능 일은 힘들겠지요?

또 하나, 예능이란 굉장히 많은 사람과 협업해야 하는 일입니다. 일을 하면서 다 즐거울 수만은 없겠죠. 갈등이 있지만 그래도 마음을 맞추고 뜻을 모아 함께 일해야 합니다. 사람을 좋아하지 않으면 일을 하는 과정 자체가 무척 괴로울 것입니다. 혼자만의 세계에 빠져 지내기보다 주변과 소통하는 것을 좋아하면 예능 작가로서 발전이 있을 것입니다.

예능 작가는 아이디어가 많아야 합니다. 아이디어는 호기심이 많을수록, 사물을 다른 눈으로 새롭게 볼수록 증폭됩니다. 사실 예능이란 아이디어와 순발력 싸움입니다. 또한 조용히 앉아 있는 것을 좋아하기보다 무슨 일에든 도전해보고 새로운 것을 경험해보려는 외향적인 성격의 사람이 예능 작가에 어울립니다.

같은 구성 작가 중 교양 작가와 예능 작가를 비교해보자면 예능 작가 쪽이 조금 더 스토리를 쓸 기회가 자주 있습니다. 예능 프로그램 자체가 드라마처럼 만들어지는 것도 있고, 한 코너로 콩트가 자리 잡는 경우도 많으니까요. 따라서 예능 작가가 되려면 스토리텔링에 대한 관심과 기초 실력이 필요합니다.

그들은 이렇게 예능 작가가 되었다

이소영 작가

이소영 작가는 SBS 〈진실게임〉, KBS 〈해피투게더〉, SBS 〈야심만만〉 등 대표적인 예능 프로그램을 집필한 작가입니다. 이 작가는 대학 때부터 꿈이 방송 작가였습니다. 학생일 때부터 뮤지컬 대본, 연극 대본 쓰는 일을 했고요. 학교에서 하는 동아리 활동 수준이 아니라 프로 극단의 일을 한 거예요. 대학교 다닐 때 동아리로 탈패를 했는데 그 동아리 선배 중에 학교를 졸업하고 극단 활동을 하는 선배가 있었습니다. 그 선배가 연결을 해주어 연극과 뮤지컬 극본 쓰는 일을 하게 됐던 것입니다.

그러다 EBS에서 막내 작가를 구한다는 공고를 보게 되었습니다. 처음으로 했던 프로그램이 EBS 〈일과 사람들〉이라는 교양 프로그램입니다. 그 프로그램을 하는 동안 주변에서 모두들 교양 작가보다는 예능 작가가 어울릴 거라고 말해주었습니다. 그래서 예능 프로그램에 이력서를 냈던 것이 예능 작가의 출발입니다.

148

유진영 작가

대학 졸업 후 광고회사에 들어가기 위해 준비하던 중, MBC 피디가 된 선배를 통해 방송 작가라는 직업을 알게 되었습니다. 카피라이터 공부를 하려고 MBC 아카데미에 등록했는데 등록한 지 한 달도 채 안 되었을 때 덜컥 〈이주일쇼〉로 방송 일을 시작하게 되었습니다. 그 뒤 〈느낌표〉와 〈일밤〉 작가로 이름을 알리게 되었고, SBS의 다양한 쇼 프로그램에서 작가로 일했습니다. 지금 JTBC의 〈힙합의 민족〉 작가로 일하고 있습니다.

(출처 《방송작가》, 2017년 01월호)

김명정 작가

대학에서 극작을 전공했고 동아리도 극예술연구회를 택해 연극을 열심히 했습니다. 집이 어려워 신문배달부터 명동 가라오케 디제이까지 안 해본 아르바이트가 없습니다. 그것이 지금 작가 생활을 하는 데 큰 자양분이 되었지요. 월간지 기자로 일하다 MBC 테마게임 아이디어 작가로 방송 일을 시작했습니다. 예능 작가로 〈놀러와〉, 〈느낌표〉를 했고 드라마 〈아가씨와 아줌마 사이〉를 썼고, MBC 라디오 〈별이 빛나는 밤에〉에서도 일하는 등 장르와 매체를 넘나드는 작가로 맹활약했습니다. 2010년에 MBC 예능 작가상을 수상하기도 했습니다. 현재 MBC 〈나 혼자 산다〉, JTBC 〈비정상회담〉이 높은 평가를 받으며 순항 중입니다.

(출처 《방송작가》, 2016년 11월호)

사람들이 몰렸다. 짐을 풀어놓았던 가게에서 유리문을 열고 밖을 내다봤을 때 골목이 사람들로 빽빽한 것을 보고 가슴이 철렁 내려앉았다.

"어떻게 된 거야? 진행팀은 어디 있어?"

정신없이 밖으로 뛰쳐나갔다. 사람이 이렇게 몰리면 촬영은 불가능하다. 아니 어찌어찌 촬영은 한다 하더라도 촬영이 '제대로' 되지는 않을 것이다. 내가 알기로 오늘 게스트는 공황장애가 있다. 많은 사람이 몰리고 공간이 좁아지면 공포에 질릴 것이 뻔하다.

몰려선 사람들을 마구 헤치고 지나갔다.

"실례합니다. 죄송합니다. 좀 비켜주세요. 지나갈게요. 죄송합니다!"

버럭버럭 소리를 지르며 앞으로 나갔다.

"진행팀은 다 어디 갔어? 뭐 하고 있어? 사람들 몰리지 않게 통제해!"

울화가 치밀었다. 피디는 모니터를 들여다보고 있다. 앵글마다 무엇이 찍히는지 어디까지 찍히는지 보고 있는 모양이다. 그래서 주변의 상황 변화를 얼른 알아차리지 못했다. 촬영 현장을 통제하는 것은 진행팀이 하는 일이다. 그러나 사람은 많고 제작 인력이라는 것도 한계가 있다 보니 이런 돌발 상황도 발생한다. 현장에 나와 있던 작가들이 총동원되어 인파를 정리했다. 연신 허리를 숙여가며 공간을 만들었다. 자동차를 통제하는 것이 제일 힘들다. 협조해달라고 부탁하지만 내가 왜 너한테 협조해야 하느냐는 대답을 듣기 일쑤다.

그래도 아직 시간이 이르니 현장에 취객이 난입할 일은 없을 것이다. 밤늦은 촬영에는 꼭 몇 명의 취객이 나타난다. 취한 사람이니 말도 안 통하고 그렇다고 완력으로 끌어낼 수도 없다. 취객은 "누가 너희들 맘대로 길을 막고 찍으라고 했느냐, 여기가 너희 땅이냐, 내가 내 발로 걸어가는데 너희가 뭔데 막느냐"라고 고래고래 소리 지르기 일쑤다. 사실 다 맞는 말이다. 제작진은 구청에 신고하고 촬영 허가를 얻어서 찍고 있는 것이지만 구청에서 그분에게 일일이 설명하고 양해를 구했을 리 만무하니 취객의 말도 틀린 건 아니다. 길을 조금 돌아서 가면 되고 조금만 기다렸다 가면 되는 일이지만 일부러 트집을 잡는 것이니 당할 장사가 없다. 이럴 때는 읍소로 대응할 수밖에 없다. 그런 취객을 붙들고 온갖 주정을 다 받으며 "한 번만 봐주세요, 도와주세요, 살려주세요!" 하면서 무릎 꿇고 통사정했다는 이야기도 선배 작가들에게 종종 들었다.

내게도 그런 일이 생기지 않으리라는 보장이 없다. 현장은 분위기가 정말 중요하다. 한창 카메라가 돌아가고 리포터와 게스트가 열심히 게임 중이거나 즐거운 상황극을 진행하고 있는데 여기에 취객이 난입하면 분위기가 깨져버린다. 상황을 정리하고 다시 촬영을 진행한다고 해도 이미 흥은 사라졌고 작위적인 그림밖에는 나오지 않는다. 그러니 최대한 현장 분위기를 잘 유지하기 위해 모든 에너지를 쏟아야 한다.

나는 8년차 예능 작가다. 지금 하고 있는 프로그램은 야외와 스튜디오를 병행하는 집단 버라이어티 예능이다. 버라이어티 예능은 그야말로 버라이어티하다. 예능에서 할 수 있는 거의 모든 걸 다한다. 스튜디오 집단 토크부터 야외 인터뷰, 노래, 댄스, 야외에서 게임도 한다. 요즘 예능에서 자꾸만 출연자들을 밖으로 데리고 나가는 이유는 늘 보던 모습이 아닌 의외의 모습을 발견할 수 있기 때문이다. 시청자들은 출연자의 색다른 모습을 보기 원한다. 만들어진 스튜디오보다는 여러 가지 외부 요소가 개입되는 야외에서 새로운 모습을 끌어낼 수 있는 것이다.

그런데 그 여러 가지 외부 요소라는 게 일하는 사람을 괴롭힌다. 일단 날씨. 바람 불고 비 오면 답이 없다. 비가 와도 촬영할 때는 우산을 쓰지 않는다. 우산을 쓰면 얼굴이 가려지고 앵글 잡기가 어렵기 때문이다. 사람은 그냥 비를 맞고 비싼 장비들, 카메라나 오디오 장비들은 비닐을 씌우고 우산을 씌우고 신줏단지 모시듯 한다. 또 하나, 나를 힘들게 하는 것은 사람이다. 수많은 사람들. 카메라를 빤히 쳐다보는 사람, 알아보고 다가오는 사람, 말을 거는 사람, 웃는 사람, 구경하는 사람……. 모든 사람들이 다 프로그램에 어떻게든 개입하게 된다. 날씨든 사람이든 외부의 개입은 현장 촬영에 방해가 되지만 그 방해가 되는 나쁜 날씨나 참견해 들어오는 사람이 더 재미있는 상황을 만들기도 한다. 돌발 상황이 벌어져도 그 상황을 이용하는 사람, 더 웃기고 흥미롭게 만드는 사람이 있게 마련이다. 현장에서 그것을 결정하고 만드는 사람이 바로 피디와 작가다. 현장이 준비한 대로 진행이 잘되는지 신경을 곤두세우고, 일이 생기면 그때그때 순발력 있게 대처해야 하는 것이다.

저쪽에서 붉은 경광봉을 들고 차량을 우회시키고 있던 진행팀 막내가 헐레벌떡 달려왔다. 다른 곳에 가 있던 진행팀들과 작가들이 모두 목이 쉬게 외쳐가며 허리가 부러지게 꾸벅대며 "조금만 비켜주세요, 죄송합니다"를 연발했다.

사람들에게 가로막혀 차 안에 거의 갇혀 있다시피 하던 게스트가 겨우 차 밖으로 나와 인파를 헤치고 와서 카메라 앞에 설 수 있었다. 안색이 창백했지만 말로는 괜찮다고 한다. '견디기 힘들면 본인이 이야기하겠지. 프로의식이 있는 사람이니 잘하겠지' 하고 애써 좋은 쪽으로 생각했지만 가슴이 두근거릴 만큼 긴장되는 건 어쩔 수 없다. 여기서 촬영을 접게 된다면……. 생각만 해도 끔찍하다. 길거리, 놀이공원, 시장, 관광지. 이렇게 불특정 다수의 사람들이 모여 있는 곳에서의 촬영은 중간에 포기하게 되는 경우도 있다. 그럼 모든 일을 처음부터 다시 해야 한다. 다른 장소를 급하게 물색해야 하고 조명이며 카메라 세팅을 새로 해야 하고 스케줄도 다시 짜야 한다. 그런 위험 부담에도 불구하고 공개된 장소에서 야외 촬영을 하는 이유는 또 그만의 맛이 있기 때문이다. 만들어진 멘트나 준비된 질문 대답 외에도 '돌발'이 주는 재미가 있다. 사실 새로움이란 돌발에서 나오기 때문이다. 힘들어도 위험 부담이 있어도 신선한 '재미'를 포기하지 않는 것, 그게 예능이다.

다행스럽게도 예정한 촬영을 마칠 수 있었다. 게스트에게 "수고하셨습니다. 감사합니다." 진심에서 우러나오는 인사를 했다. 이런 힘든 상황에서 짜증내지 않고 화내지 않고 즐겁게 촬영에 임해주어서 정말로 고마웠다.

늦은 시간에 촬영이 끝났지만 방송국으로 모두 복귀했다. 오늘 찍은 테이프를 방송국에서 기다리고 있던 프리뷰어에게 건네주었다. 프리뷰를 전담하는 알바생이다. 내가 막내이던 시절에는 막내들이 모든 프리뷰를 다했는데. 그래서 밤 새우는 게 일상이었다. 지금 프리뷰를 다른 곳에 맡기는 이유는 막내 작가들을 위해서라기보다는 정말로 물리적인 시간이 부족하기 때문이다. 관찰 예능이 늘어나고 출연자 한 명당 하나씩 전담 VJ가 있으니 찍어온 테이프 수가 엄청나다. 그러니 막내 작가들이 다른 일도 하면서 프리뷰까지 하기란 불가능하다.

내일은 스튜디오 녹화다. 스튜디오에 나오기로 한 가수 A와 다시 한 번 통화했다. "내일 아침 8시에 녹화 시작이므로 늦지 마세요" 하고 단단히 일렀다. 섭외할 때 이미 몇 번이나 얘기했는데도 A는 시간이 이르다며 투덜거렸다. "그래도 시간 딱 맞춰 오실 거잖아요. 프로시니까. 원래 시간 약속 철저히 지키시는 걸로 유명하시던데요? 워낙 방송을 잘 아시니까 말씀 안 드려도 더 잘 준비해서 오신다고 들어서 정말 한시름 덜었어요." 이렇게 있는 말 없는 말 다해가며 비위를 맞췄다. 가수에게 아침 8시에게 나오라고 하는 것이 심한 처사라는 건 나도 안다. 가수들은 보통 새벽에 잠들어서 점심시간이 지나 기상하는 패턴을 가지고 있다. 저녁이나 밤 스케줄이 많기 때문이다. 오전 8시면 이제 막 잠들었을 시간이다. 그렇지만 출연자 컨디션보다 더 고려해야 할 게 스튜디오 사정이다. 스튜디오는 여러 팀이 같이 써야 하기 때문에 원하는 시간에 녹화하는 것이 아니라 스튜디오가 비는 시간에 녹화를 맞추어야 한다.

내가 예능 작가라고 하면 제일 먼저 하는 말이 "연예인 많이 보시겠네요"이다. 많이 본다. 매일 본다. 그다음 돌아오는 말은 "좋으시겠어요"이다. 흠, 글쎄, 좋은가? 나도 좋아하는 연예인이 있고 마음에 들지 않는 연예인이 있다. 사람들은 좋아하는 연예인은 맘껏 좋아하고 싫어하는 연예인은 기사에 악플 달고도 맘 편하지만 내 입장에서는 그럴 수가 없다. 내게 연예인이란 말하자면 갑이다. 나는 최대한 그 사람이 자기 역량을 발휘하도록 모든 조건을 맞춰주어야 하며 기분 관리까지 해주어야 한다. 출연자가 기분이 좋아야 기분 좋은 프로그램이 만들어진다. 그가 마음을 열어주어야 속 깊은 이야기가 나온다. 그러니 나는 그를 좋아하든 안 좋아하든 최선을 다해야만 한다. 실제로 제작진에게 갑질하는 연예인도 많다. 연예인은 늘 누군가가 같이 다니며 챙기고 보살펴준다. 머리해주고 화장해주고 차로 모시러가고 모셔다주고 컷 소리만 나면 추울까 봐 달려와 담요 덮어주고, 그런 보살핌에 익숙하기 때문에 모든 사람이 자신을 배려해주는 것이 당연하다고 생각한다. 물론 그렇지 않은 사람이 더 많다. 제작진이 힘든 걸 알아주고 배려하고 자기 일에서 최선을 다하는 사람이 대부분이지만 사소한 일로도 힘들게 하는 사람이 분명 있다.

짜증, 요구, 투정, 항의 등의 갑질은 대부분 작가에게 한다. 작가가 출연 섭외를 하니 일단 처음 통화하는 사람이 작가다. 직접 만나서, 또는 통화로 오랜 시간 인터뷰하고 녹화 내용을 미리 정리하는 사람도 작가다. 녹화장에 왔을 때 안내해주고 챙겨주는 사람도 작가다. 그러니 출연자가 의지하는 사람도 작가고 친근하게 느끼는 사람도 작가다. 당연히 작가에게 묻고 작가에게 확인하고 작가에게 따진다. 방송을 오래한 노련한 출연자도 녹화 전에 긴장한다. 작가는 출연자의 눈으로 보기에는 피디와 함께 제작진의 제일 첫 줄에 서있는 사람이니 좋게 말하면 도와달라는 사인을 계속 작가에게 보내는 것이다.

그러니 갑질도 최대한 참는다. 그게 일이니까. 출연자가 좋은 컨디션이어야 녹화가 잘된다. 녹화가 잘되어야 방송이 잘되고 방송이 잘되어야 내 일이 잘되는 것이니 '게스트 비위 맞추기'가 작가의 일 중의 하나인 것은 당연하다. 유명한 연예인과 같이 일한다는 것은 예능 작가의 좋은 점이기도 하지만 동시에 예능 작가를 그만두고 싶어지는 이유이기도 하다.

연예인들은 다른 직업을 가진 사람들보다 더 상처받기 쉬운 사람들이다. 늘 평가받는 위치에 있기 때문이다. 자신의 일거수일투족을 모든 사람들이 지켜보고 잘했네 못했네 잘났네 못났네 평하고 그것이 인기와 연예인으로서의 생존과 직결되다 보니 작은 일도 무심히 지나치지 못한다. 그래서 섭외를 할 때도 보안에 신경 써야 한다. 새 프로그램을 준비하는 제작진이 연예인 누구를 만나면 새 MC로 이 사람을 섭외하려 한다는 소문이 쫙 돈다. 그냥 친분이 있어서 만난 경우라도 별의별 소문이 다 돌고 다른 사람을 만날 때도

"저번에 누구 만나셨다면서요? 그분이 안 한다고 해서 제가 대타로 선택된 거예요?" 하고 묻는다. 자기가 1순위가 아니었으면 아예 하지 않겠다고 하는 사람도 많다. 정말 쉽지 않은 노릇이다.

그나저나 내일 A는 제 시간에 도착해줄까? 출연자가 늦어져 녹화가 늦어지면 모든 스태프가 신경이 곤두선다. 늦게 시작했다고 녹화를 늦게 끝낼 수도 없다. 스튜디오를 마냥 우리가 차지하고 있을 수 없기 때문이다. 무엇보다 다른 출연자들이 참지 않는다. 다들 바쁘다. 연예인들은 시간이 없어서 밥도 굶고 시간이 없어서 퀵배달 오토바이에 실려 다니는 사람들이다.

예전 서브 작가로 일할 때 내가 섭외했던 출연자 K가 시간이 되어도 나타나지 않고 전화 연락도 되지 않은 적이 있었다. 지금 생각해도 머리카락이 쭈뼛 서는 일이다. 누구도 아닌 내가 그에게 섭외 전화를 했다는 죄로 나는 수많은 비난의 눈길과 닦달을 받아야 했다. 시간이 갈수록 노심초사를 넘어 혼이 나갈 지경이었다. 그때 메인이었던 작가 언니가 말했다.

"가서 잡아와. 주소 알지?"

나는 택시를 타고 K의 집으로 달렸다. 다행이 집이 가까웠다. 집 앞에 택시를 대기시켜놓은 채 현관까지 올라가서 그 건물이 떠나가라 문을 두들겼다. 동네 개가 다 짖고 난리도 아니었다. 문을 열어준 건 아직 비몽사몽 잠이 덜 깬 K였다. 이게 꿈이냐 생시냐 하는 표정. 휴대폰 배터리가 나가 알람도 전화벨 소리도 울리지 않았다는 것이다. 그도 당황했을 것이고 나는 한 대 후려치고 싶은 마음이 간절했지만 잠도 덜 깬 그를 택시에 짐짝 싣듯이 실어서 방송국으로 달렸다. 오는 동안 택시 안에서 세수도 안 한 얼굴에 분장을 시키고 도착해서는 스태프가 입고 있는 셔츠를 벗겨서 입히고 녹화 중간 중간 계속 머리를 만져주고 분장을 고쳐주었다. 화면에 잡히지 않는 신발은 녹화 끝날 때까지 그냥 슬리퍼 차림이었다. 그날은 어찌나 마음을 졸였던지 녹화가 무사히 끝나자 눈물이 났다. 화장실로 가서 실컷 울었다.

그 이후로 K와 친해졌다. K는 내게 정말 미안해했고 이 일에 대한 보상으로 자기와 개인적으로 친한 연예인들의 섭외를 도와주기도 했다. 그게 벌써 몇 년 전 일이지만, 난 아직도 섭외가 어려우면 그때 일을 들먹이며 K를 압박하곤 한다.

연예인들과 같이 일하고 같이 밥 먹고 이야기할 기회도 많다 보니 '이 사람들도 참 힘들구나' 하는 생각을 종종 하게 된다. 잘 모르는 사람들이 말도 안 되는 비방글을 인터넷에 올리거나 너무 쉽게 평가하고 재단하는 것을 보면 좀 화가 나기도 한다.

출연진 점검을 하고 내일 스튜디오 녹화 대본을 썼다. 나는 서브 작가들이 쓴 코너 대본을 받아 점검하고 그것들을 연결시키고 오프닝과 클로징을 쓴다. 명색이 작가인데 글을 쓰는 시간은 내가 하는 일에서 차지하는 비중이 한 10%쯤 될까? 아니다. 내가 섭외를 하고 자료 조사를 하고 인터뷰를 하고 소품 점검까지 하는 모든 일이 지금 쓰고 있는 이 대본을 위해서이니 어쩌면 대본 쓰는 일이 내 일의 90%쯤인지도 모르겠다.

커피향이 진한 카페에서 글 쓰는 일, 원목으로 마감한 내 작업실에서 글 쓰는 일, 오래된 공원 안에 자리 잡은 도서관에서 글 쓰는 일을 꿈꾸기도 했었다. 지금 나는 편집실 한구석에서, 방송국 로비 귀퉁이에서, 이동하는 차 안에서 글을 쓴다. 글을 쓰는 데 주어지는 시간이 늘 부족하니 장소를 따질 수가 없다.

예능 작가의 글쓰기에서 중요한 것은 자연스러운 흐름과 명확한 의미 전달이다. 내 대본을 진행자도 보고 출연진도 보고 제작진도 본다. 문장을 복잡하

게 쓰거나 화려한 수사를 붙이면 함께 일하는 사람들 간의 커뮤니케이션에
오히려 방해가 된다. 대본을 쓰고 나서 녹화 순서대로 대본의 키워드만 쓴 큐
카드를 만드는 이유도 그 때문이다. 큐카드는 녹화에서 흐름을 잡아주는 일
종의 표지판 역할을 한다.

대본을 혼자 쓰는 것은 아니다. 사실 아이템 회의하는 시점부터 작가들의
대본 회의가 시작되는 것이라고 봐야 한다. 각 코너를 책임지는 서브 작가가
코너 대본을 쓰는 과정에서도 계속 메인인 나와 상의한다. 코너 대본을 쓰면
나와 함께 보고 수정한다. 녹화 직전까지 끊임없이 수정하고 또 수정하지만
막상 최종 수정은 녹화와 동시에 이루어진다.

당연한 말이지만 녹화는 대본대로 흘러가지 않는다. 녹화가 뜻하지 않은
흐름으로 흘러가도 원래 계획했던 것보다 더 재미있다 싶으면 지켜본다. 산만
해진다 싶으면 다시 원래의 큰 줄기로 돌아오도록 MC에게 신호를 줘야 한다.
그럴 때 스케치북을 쓴다. 녹화를 방해하지 않고도 의견 전달을 할 수 있는
도구가 바로 커다란 스케치북이다. 가끔 TV 화면에 출연자들 맞은 편 녹화장
바닥에 조르르 앉아 있는 제작진이 비치는 경우가 있다. 작가들이 쪼그리고
바닥에 앉는 이유는 스탠딩 카메라에 잡히지 않기 위해서다. 카메라 뒤에 서
있으면 출연자들이 작가들과 작가의 스케치북이 잘 안 보이고, 그렇다고 카메
라 앞에 서면 당연히 카메라에 걸리기 때문에 바닥에 쪼그리고 앉는 것이다.
출연자들이 볼 수 있도록 스케치북에 작가가 할 말을 쓴다. "이 부분 더 길게
질문해주세요", "3번 질문 빼고 다음으로", "지금 순서에서 춤!" 등등 녹화의
표지판 역할을 하는 것이다.

녹화장 바닥에 앉은 작가는 방청객의 역할도 한다. 방청객이 있으면 방청
객들이 웃고 환호하고 또는 지루해하는 반응을 그때그때 보여주지만 우리 프

로그램처럼 방청객이 없는 경우에는 작가가 그 역할을 도맡는다. 작가가 박수 치고 크게 웃고 반응을 보여주어야 출연자들도 신이 난다. 마치 아기 엄마처럼 "그렇지! 옳지! 아이고 잘하네!" 하는 리액션을 계속 해주는 것이다. 작가는 제작진이면서 동시에 최초의 시청자가 되는 것이다.

대본 정리를 하고 나니 한밤중이다. 밤 12시가 지났으니 녹화날이 바로 오늘이 된 것이다. 8시 녹화라고 하면 연출팀과 작가팀은 적어도 6시에는 와서 준비하고 있어야 한다. 녹화가 끝나면 바로 또 프리뷰, 편집, 자막 넣기, 효과 넣기, 성우 멘트, 완성 편집본 만들고 예고 만들고. 방송하는 당일 날, 방송되는 시간 직전까지도 일을 한다.

아이러니하게도 TV로 우리 프로그램이 방송되는 그 시간이 가장 마음 편하다. 후배 작가들이랑 식당에서 밥 먹으면서 맥주 한잔하면서 방송을 같이 보기도 한다. 예전에는 방송을 보는 것조차 떨렸고 식당에 있는 다른 사람들의 반응에 신경을 곤두세웠는데 이제는 덤덤해졌다. 요새는 재방송이 많아서 우리 프로그램이 방송되는 걸 여기저기서 하루에도 몇 번씩 보기도 한다.

구멍가게에 뭘 사러 가면 주인아주머니가 우리 방송을 보고 있을 때가 있다. 동네 병원 대기실에 있는 큰 TV에서 우리 방송이 나올 때도 있고, 헬스클럽에서 아저씨가 러닝머신을 타면서 우리 방송을 보고 있을 때도 있다. '예능작가 하길 잘했어'라고 생각할 때가 바로 그런 때다. 진지하게 집중해서 TV를 보지 않더라도 그저 지루함을 덜 목적으로 건성건성 TV를 보더라도 우리 프로그램이 딱 그만 한 역할, 지루함을 덜어주는 역할을 할 수 있다는 것이 난 좋다. 내가 바로 그런 때 TV를 보니까. 예능 프로그램을 틀어놓으면 혼자 밥 먹을 때도 덜 쓸쓸하고 너무 피곤해서 소파에 늘어져 쉴 때도 더 편안하다. 폭소를 터뜨리지는 않더라도 피식 웃을 수만 있으면, 웃지는 않더라도 고개를 끄덕일 수만 있다고 해도 나는 만족이다.

방송되고 나서 그 프로그램이 실시간 검색어에 오르고 우리 프로그램에 출연한 이름 없던 연예인이 갑자기 유명해지고 유행어가 만들어지고 방송의 일부분을 잘라낸 짧은 영상이 인터넷을 돌아다니면 세상을 얻은 것 같다. "내가 했어! 내가 사람들을 즐겁게 해주었어!"

물론 방송이 되고 나면 바로 다음날 나오는 성적표인 시청률 때문에 울고 웃는 생활이기는 하다. 프리랜서라는 불안정한 신분 때문에 수입이 일정하지 않아서 매달 붓는 적금은 들지도 못하는 생활이다.

방송 일을 한 지 어느새 8년이다. 라디오 막내 작가에서 예능 프로 막내 작가로 옮겨와 서브 작가를 거쳐 메인이 된 지 4년 남짓 되었다. 이제야 조금 방송의 재미를 알아가는 것 같다. 나는 더 많은 프로그램, 더 많은 경험이 나를 더 좋은 작가로 만들어준다고 믿는다. 그래서 오늘 출근하면 내일 퇴근하는 생활, 사흘 낮밤을 계속 방송국 작가실에서 보내는 생활을 감수하고 있는 것이다.

작가는 내가 과연 어떤 일을 하고 있는지가 눈에 보이는 직업이다. 여러 명이 협업해서 일을 하지만 내가 한 일이 확실히 보인다. 회사에 다니는 친구들 얘기를 들어보면 상사가 일을 시키니 하기는 하는데 이게 대체 어떤 일인지 어떤 식으로 회사에 기여가 되는지 알 수 없는 경우가 많다고 한다. 그렇지만 방송 작가는 다르다. 내가 쓴 멘트를 방송에서 MC가 말하고 내가 구성한 대로 프로그램이 흘러가며 내가 제안한 게임을 출연자들이 수행한다.

무엇보다 내가 알지 못하는 누군가가 내 프로그램을 보고 그 시간을 즐겼다면 그것이 가장 큰 기쁨이다. 나는 즐겁게 일하고 내 일로 인해 다른 사람이 즐거워진다. 이보다 더 좋을 수는 없을 것이다.

5장

교양 작가
뜯어보기

시사, 교양, 다큐멘터리 프로그램

작가의 장르 구분은 중요하지 않다

위에서 말했듯이 구성 작가는 드라마가 아닌 프로그램에서 일하는 방송 작가를 통칭합니다. 그런데 요즘은 예능에서 일하는 구성 작가는 그냥 예능 작가로 부르고, 교양 프로그램을 하는 작가만 구성 작가라고 부르기도 해요. 하지만 작가들은 장르를 구분하지 않고 넘나드니 어떻게 부르느냐가 중요하지는 않습니다.

교양 프로그램이란?

그렇다면 교양 프로그램이란 무엇일까요? 프로그램을 장르별로 구분해 보면 드라마, 다큐멘터리, 시사, 예능, 그리고 교양 프로그램으로 나뉩니다. 그렇지만 그런 구분은 사실 애매합니다. 분명히 시사문제를 다루는 토론 프로그램인데 무척 예능적이기도 하고요. 한 프로그램 안에 코너

교양 프로그램 〈명견만리〉 촬영 현장. 작가가 대본을 검토하고 있다. (ⓒ백홍종)

환경 다큐멘터리 촬영 현장 (ⓒ백홍종)

마다 시사와 다큐멘터리, 교양이 섞여 있기도 합니다.

일반적으로 방송가에서는 드라마와 예능을 제외한 모든 영역의 프로그램을 '교양'이라고 말합니다. 〈생생정보통〉이나 〈아침마당〉 등의 종합 정보 프로그램뿐 아니라 시사 프로그램 〈피디수첩〉이나 〈그것이 알고 싶다〉 등도 교양물로 여깁니다. 물론 시사와 교양을 뭉뚱그리지 말고 구분할 필요가 있다고 말하는 사람도 많습니다. 그래서 그냥 교양이 아니라 '시사교양', '시사 교양 작가'라는 용어를 쓰기도 합니다.

〈환경스페셜〉 〈YTN 사이언스〉 등의 다큐멘터리도 넓은 의미의 교양물로 보고 〈역사저널〉 〈명견만리〉 같은 프로그램도 교양물 범주에 들어가지요. 그리고 그 프로그램에서 일하는 작가를 교양 작가 또는 구성 작가라고 말합니다.

교양 작가는 이런 일을 한다

기획에서 방송까지 작가는 늘 함께한다

작가는 아이템을 정하는 일, 즉 어떤 내용을 방송할까 찾아보고 결정하는 과정부터 함께합니다. 식품 관련 방송이라면 어떤 식품을, 휴먼다큐라면 어떤 사람을 주인공으로 할까 정하는 것이 아이템 선정인데요. 교양 프로그램에서는 무엇보다 아이템이 중요하다 보니 무척 많은 시간을 여기에 할애합니다. 아이템이 잡히면 출연자 섭외도 하고 현장에 사전 답사도 가고 미리 인터뷰도 하는 등 사전 취재를 하지요.

촬영 약속을 잡으면 어떤 모습을 어떻게 찍을 것인지 미리 생각해서 촬영 구성안을 짭니다. 현장에 가서 촬영을 해오면 찍어온 영상을 프리뷰합니다. 영상을 다 글로 풀어 쓴 프리뷰 원고를 가지고 편집 구성안을 작성합니다. 편집이 끝나면 본격적으로 원고를 씁니다. 성우 내레이션이나 기타 들어가야 할 것들을 원고로 정리하는 것이지요. 그 후 더빙과 녹음 과정에서 세세한 것들을 체크하고 종합 편집실에서는 자막 작업도 합니다.

구성물은 여러 꼭지가 있습니다. 구성이라는 것 자체가 여러 요소들을 배치하는 것이니까요. 서브 작가, 또는 꼭지 작가가 자신이 맡은 부분을 책임집니다. 자기 꼭지가 전문가 인터뷰라면 섭외하고, 인터뷰 영상 구성을 하고, 질문을 뽑고 답변 정리를 하는 등 대본을 쓰죠. 인터뷰 후 편집 구성도 합니다. 야외 촬영을 담당한 작가는 자기 꼭지 일을 합니다. 촬영 장소를 섭외하고 촬영 구성안도 짭니다. 막내 작가는 작가들이 일을 잘 할 수 있도록 돕는 일을 합니다. 장소를 알아보고 연락처를 알아오고 이런저런 자료를 찾아주지요. 물론 직접 섭외를 할 수도 있고요.

메인 작가는 여러 명의 꼭지 작가들이 한 일을 다 합해서 전체 한 회분의 프로그램 구성을 맡습니다. 여러 꼭지들을 어울리게 만들고 전체적인 기승전결을 갖추는 일입니다. 또 프로그램의 오프닝과 클로징을 책임집니다.

이렇게 보면 작가가 하는 일이 무척 많다는 것을 알 수 있습니다. 교양 작가는 이것들을 전적으로 맡아서 하기도 하고, 어느 단계에서는 피디와 협업하기도 하고, 또 어느 단계는 피디를 보조해주기도 합니다. 어떤 일을 얼마나 하느냐는 딱 잘라 말할 수 없고 프로그램에 따라, 또 상황에 따라 달라집니다. 어쨌든 작가는 프로그램을 기획 단계에서부터 실제 방송에 이르기까지의 모든 과정에 참여합니다.

설득하고 실행한다_기획하고 기획안 쓰기

프로그램이 새로 기획되면 담당 피디가 작가를 섭외합니다. 작가는 피디의 제안이 마음에 들면—새 프로그램이 재미있겠고, 잘할 수 있는 일이고, 원고료도 나쁘지 않으면—그 제안에 응해서 새 일을 하게 되지요. 프리랜서는 누군가 불러주고 선택해주어야 일을 할 수 있으니까요. 그렇다고 피디가 기획한 프로그램에서 불러주기만을 기다리고 있는 것은 아닙니다. 유능한 작가는 스스로 프로그램을 기획합니다.

기획력이 뛰어난 작가들은 프로그램 기획안을 들고 방송사 문을 두드립니다. 방송사 직원이 아니니 한 방송사에서 거절하면 다른 방송사로 들고 갈 수도 있습니다. 여러 방송사에서 다 탐을 낸다면 작가가 방송사를 선택할 수 있습니다. 기획만 새롭고 좋다면 편성이 될 것입니다. 방송국은 언제나 기획에 목마른 곳이니까요.

마음이 맞는 피디와 작가가 함께 기획을 하기도 합니다. 사실 기획 단계에서부터 일을 같이해야 프로그램을 잘 이해할 수 있고, 내가 만든 프로그램이라는 주인의식도 생긴답니다.

프로그램 한 편을 기획할 수 있는 능력을 가지기란 쉽지 않습니다. 지금 사람들의 관심이 어디에 쏠려 있는지, 사회는 앞으로 어떻게 될 것인지, 즉 세상이 어떻게 돌아가는지 그 흐름을 알아야 시대에 딱 맞는 프로그램을 기획할 수 있습니다. 기획안은 전체 프로그램의 콘셉트, 구성, 다른 프로그램과의 차별성, 섭외 가능 출연자, 예산 등등이 정리된 전체의 모습을 볼 수 있는 조감도입니다. 알다시피 방송 제작에는 엄청난 인력과 장비와 돈이 들어갑니다. 기획을 잘해야 이 프로그램에 이만 한 돈과 시간과 노력을 들이라고 사람들을 설득할 수 있습니다. 기획이 잘되어야 섭외도 잘됩니다. 기획안만 보고도 이 프로그램이 재미있을 것 같다는 확신을 주어야 하니까요.

교양 프로그램에서 섭외는 무척 중요한 과정입니다. 예능에는 보통 이름이 알려진 연예인이 나오지만 교양 프로그램에 나오는 사람은 일반적인 우리의 이웃입니다. 우리 이웃 중에서 TV에 출연할 만한 사연을 가지고 있는 사람을 찾는 일 자체가 어렵습니다. 신문, 잡지, 인터넷을 뒤지고 온갖 회사의 사보들도 보고 각종 단체들의 기관지도 봅니다. 지인들을 통해 들은 이야기도 그냥 넘길 수 없습니다. 연락처를 얻는 것도 힘듭니다. 요즘은 개인정보 유출에 민감하기 때문에 더 힘들지요.

힘들게 사람을 찾았다 할지라도 TV에 출연하도록 설득하는 일이 더 어렵습니다. 누구나 TV에 나오기를 원하지 않을까 싶겠지만 촬영을 거절하는 사람이 의외로 많습니다. 보통 사람들은 여전히 TV에 나오기를 부담스러워하거든요. 그 사람들을 설득하느라 아침저녁으로 전화하고 찾아가고 만나서 밥 먹고 온갖 공을 들입니다. 섭외는 하루 이틀에 끝나는 것이 아니고 지속적으로 이루어지는 것입니다. 지금 준비하는 방송에는 출연하지 않더라도 나중에는 또 마음이 바뀔 수 있으니 계속 관계를 유지해야 합니다.

오히려 출연을 강하게 원하는 사람의 경우에는 이 사람이 어떤 목적을 가지고 방송에 나오는 것은 아닌지 잘 따져봐야 합니다. 특히 어떤 피해를 주장하는 사람의 말만 믿고 그대로 작업하면 나중에 큰 코 다치게 되는 수가 있습니다. "누구 때문에 큰 피해를 당했다. 그래서 억울하다"라는 말이 그대로 방송에 나갔는데 나중에 사실을 알고 보면 피해자와 가해자가 바뀐 경우도 종종 있기 때문입니다. 그 문제 때문에 소송이 걸려 있다면 나중에 법적인 책임까지 발생하게 됩니다. 출연자

169

가 누구와 법적으로든 뭐든 다투고 있는 중이라면 신중하게 사정을 살펴야 합니다.

특별한 목적을 가지고 출연을 원한 것은 아니었는지도 잘 알아봐야 합니다. 방송에는 독특한 취미나 특기를 가진 일반인으로 소개되었는데 알고 보니 아직 이름을 알리지 못한 배우였다든지, 어느 회사의 아이돌 연습생이라든지 하는 일이 밝혀지면 많은 비난을 받게 됩니다. 특정인의 홍보 수단으로 방송이 이용된 셈이니까요.

교양 작가는 다양한 분야의 전문가를 섭외해야 할 경우가 많습니다. 의사나 변호사, 학자, 시사평론가, 경찰 등의 전문가가 어떤 것에 대해 설명해주고 조언해주는 역할을 하는데 전문가의 섭외에도 고려해야 할 사항이 많습니다. 방송에서 하는 이야기가 너무 전문적이어서 시청자들이 알아듣지 못한다면 곤란하니까요.

이야기하는 주제에 딱 맞는 사람을 섭외하는 것은 프로그램의 흥망을 좌우합니다. 출연자가 자기 분야에 대한 전문적인 식견과 더불어 인간적인 매력까지 가지고 있다면 그보다 좋을 순 없겠죠. 그런 사람을 찾아내어 방송에 소개하는 것도 작가의 중요한 역할입니다. 평소에 다양한 대중 강연에 참여하고 인터뷰 기사나 영상에 관심을 갖고 정리하는 등 인재풀을 만들기 위한 노력을 게을리 하지 말아야 합니다.

최초의 시청자_방청객

스튜디오에서 진행되는 교양물에는 방청객이 있습니다. 방청객 관리도 작가의 중요한 역할 중 하나입니다. 방청객은 단순히 녹화를 지켜보는 사람일 뿐만 아니라 방송의 중요한 요소입니다.

방청객의 호응은 프로그램에 생기를 불어넣어줍니다. 방청객의 반응에 따라 TV를 보는 시청자들은 여러 사람이 함께 TV를 보고 있는 듯한 느낌을 받을 수 있습니다. 방청석에는 대개 그 프로그램의 주요 시청층과 겹치는 사람들이 앉아 있습니다. 아침 종합정보 프로그램은 주부들을 방청석에 모시고, 시사토론 프로그램은 대학생이나 직장인을 모시지요. 방청객을 그저 호응하는 음향을 내는 존재, 프로그램 중간중간 박수를 치는 존재로만 생각해서는 안 됩니다. 방청객은 제일 처음 프로그램을 보는 시청자이고 각각 캐릭터를 가진 사람입니다. 방청객의 표정 하나가 프로그램에 활기를 불러일으킬 수 있습니다. 방청객이 있으면 화면 구성도 더 다양해집니다. 출연자의 말이 길어질 때 계속 그 출연자의 얼굴만 비추고 있는 것보다는 말을 듣고 있는 사람들의 표정을 때때로 잡아주면 화면에 생기가 돌게 되거든요.

방청객 하나하나를 작가가 섭외해야 하는 것은 아닙니다. 방청객 섭외만을 전문으로 하는 사람이나 업체를 통해서 원하는 연령, 성별, 직업군의 방청객을 모을 수 있습니다. 작가는 스튜디오의 진행을 맡은 FD와 함께 낯선 방송국에서 긴장해 있는 방청객들을 안내하고 자리를 정해주고 역할을 주는 일을 합니다. 토론 프로그램에는 방청석에서 질문이 나올 수도 있습니다. 질문 순서나 질문자를 정하고 질문지는 미리 받아 정리해둡니다.

간혹 방청석의 호응이 프로그램의 집중에 오히려 방해가 되는 경우도 있습니다. 별 것 아닌 말에 지나치게 "오오", "아아" 하는 소리가 계속 들리면 출연자의 말이 끊기기도 하고 시청자도 그 소리에 신경을 쓰게 됩니다. 제작진이 방청객들에게 지나치게 호응을 유도했기 때문에 생기는 일이므로 주의해야 합니다.

전략적 배치_구성하고 구성안 쓰기

시사 교양 다큐물의 작가를 구성 작가라고 부르는 데엔 이유가 있습니다. 작가가 하는 여러 가지 일들 중 구성이 차지하는 비중이 크고 중요하기 때문입니다. 구성이란 영상물을 어떻게 배치할 것인가, 무엇을 강조할 것인가, 어떻게 연결할 것인가를 정하는 일입니다. 교양물에는 여러 요소가 들어갑니다. 스튜디오에서 하는 녹화가 있고 야외 촬영도 있습니다. 인터뷰를 할 수도 있습니다. 프로그램이 시작되면 ⇨ 음악과 함께 야외 촬영장면이 지나가고 ⇨ 그다음 스튜디오에서 진행자가 오프닝 멘트를 하고 ⇨ 그 뒤 인터뷰 장면이 나가고 ⇨ 그다음 출연자를 직접 스튜디오에서 만나는 식으로 연결하는 것입니다.

배열은 전략적으로 이루어집니다. 무엇을 앞에 배치할 것인지, 마지막에 어떤 결론을 지을 것인지 등등 순서만 바꾸어도 강조되는 것이 달라지거든요. 따라서 처음 결정했던 기획에 충실하면서도 기승전결이 있는 구성이 되도록 신경을 써야 합니다.

아이템이 결정되고 나면 대강의 촬영 구성안이 나와야 합니다. 어떤 영상이 필요하다는 촬영 구성안이 있어야 영상을 찍어올 수 있거든요. 그런데 막상 촬영을 나가 보면 구성안대로 촬영이 안 될 수도 있고, 구성안에는 없었지만 더 좋은 장면이 있어서 찍어오는 경우도 생깁니다. 촬영된 영상과 스튜디오에서 녹화된 것 등 만들어진 영상을 가지고 다시 편집 구성안을 만듭니다. 이런 순서로 편집을 하면 되겠다는 계획을 세워놓는 것이지요. 편집을 하고 나면 영상에 음향, 음악, 내레이션 등까지 다 덧입힌 종합 구성안을 만듭니다.

그러니까 일의 처음부터 끝까지 계속 구성안을 만드는 것입니다. 구성안을 만들어놓고 야외 촬영과 스튜디오 녹화와 편집을 하면서 그 구성안을 계속 수정하고 더 정교하게 만드는 것이지요.

프로그램마다 다르다_대본 쓰기

시사, 교양, 다큐물에는 당연히 대본이 있습니다. 진행자가 있다면 진행자의 모든 멘트, 영상에 입혀질 성우의 내레이션이 작가의 손에서 탄생합니다.

방송 글의 기본 원칙은 '들리는 글'을 써야 한다는 것입니다. 눈으로 글자를 보는 게 아니라 소리로 들어야 하기 때문에 짧고 쉽게, 간단명료하게 의미가 잘 전달되도록 구어체로 써야 합니다.

영상이 있는 글쓰기에서는 글이 영상의 내용보다 앞서나가면 안 됩니다. 보이는 영상보다 넘치는 글쓰기는 부자연스럽습니다. 화면 속의 주인공은 그저 조금 우울한 표정인데 내레이션에서 펑펑 울고 싶은 심정이라는 식으로 쓰면 감정을 강요하는 것으로 느껴지거든요. 또한 주인공의 속마음을 다 안다는 식의 글쓰기도 곤란합니다. 여러 설명보다는 영상으로 보여주는 것이 더 깊은 울림을 줍니다.

영상에서 이미 다 보이는 내용을 말로 다시 설명하는 것도 잘된 글쓰기가 아닙니다. 영상에서 이미 벌어지는 일을 중계하듯이 말해주는

173

것은 의미 없는 일이니까요.

내레이션은 영상을 받쳐주면서도 새로운 눈으로 영상을 볼 수 있도록 도와주는 역할을 합니다. 따라서 작가가 쓰는 내레이션으로 영상을 뒤덮는 것은 곤란합니다. 영상에는 사람의 목소리뿐 아니라 다양한 현장음이 있는데요. 이런 현장음이야말로 영상의 분위기와 상태를 가장 잘 알려주는 소리입니다. 그러니 쉴 새 없는 내레이션으로 현장음을 다 덮어버리는 실수를 하지 말아야겠지요? 음향이 들어 있는 부분에 내레이션이 덮이지 않도록 잘 조절해야 합니다. 다만 내용에 방해가 되는 거슬리는 소음은 잘 구별해서 지우고요.

교양물의 대본 쓰기는 몇 마디로 설명할 수 있는 것은 아닙니다. 같은 교양물이라 하더라도 프로그램에 따라서 글쓰기가 천차만별이거든요. 〈그것이 알고 싶다〉의 대본은 〈생생 정보통〉의 대본과는 분위기가 완전히 다르고, 〈인간시대〉의 대본도 다른 교양 정보 프로그램과는 다른 방식으로 씁니다. 프로그램마다 자신에게 맞는 대본 쓰기가 따로 있다고 보아야 하지요. 그리고 그것은 작가 스스로 찾아가야 합니다.

밤샘의 이유_프리뷰

프리뷰란 촬영된 테이프를 하나하나 보면서 그 내용을 확인해서 문서화하는 작업입니다. 몇 분 몇 초에 화면에는 어떤 영상이 나타나고 있으며 들리는 소리는 무엇이며 등장인물이 어떤 말을 하고 있는지를 모조리 쓰는 것인데요. 촬영을 하다 보면 쓸모없는 영상, 또는 방송에 쓸 수 없는 영상이 잔뜩 찍힙니다. NG가 나서 여러 번 찍는 경우도 있고

편집하기 전 영상을 고르는 작업 (ⓒ백홍종)

요. 인터뷰 하나만 하더라도 인터뷰 도중에 누군가 앞을 가로막거나 개가 시끄럽게 짖거나 말을 더듬거나 해서 몇 번이고 다시 찍곤 하거든요.

피디에 따라 다르지만 1시간짜리 방송에 찍어온 테이프가 100개가 넘는 경우가 허다합니다. 테이프 100개면 100시간인데 그중에서 단 1시간 분량만을 골라낸다는 것은 엄청난 작업 시간을 필요로 하는 일이지요. 그래서 프리뷰 과정이 필요합니다. 그 많은 영상을 정리해놓은 문서가 있으면 일일이 영상을 돌려보지 않더라도 어떤 테이프에 필요한 영상이 있는지 알 수 있고, 어떤 테이프는 다시 돌려보지 않고 버려도 되는지 알 수 있으니까요. 프리뷰한 문서를 가지고 작가가 1차적으로 필요한 영상을 골라내고 그 영상만을 가지고 편집 구성안을 만듭니다. 그리고 그 편집 구성안을 바탕으로 편집을 진행합니다. 프리뷰 없이는 편집이 거의 불가능하다고 보아야 합니다.

프리뷰는 보통 팀의 막내 작가가 맡습니다. 교양 프로그램에 막내로 입문하면 가장 처음 배우는 것이 프리뷰예요. 프리뷰를 하다 보면 좋은 그림을 골라내는 눈도 키울 수 있고, 어떻게 편집 구성안이 만들어지는지 배울 수 있습니다. 그렇지만 프리뷰가 작가들의 등골을 휘게 하는 악명 높은 과정인 것 역시 부인할 수 없어요. 프리뷰는 시간이 생명입니다. 방송은 항상 시간에 쫓기는 일입니다. 촬영을 마치고 오면 시간을 다투어 편집에 들어가야 방송 시간을 맞출 수 있으므로 프리뷰할 시간을 많이 줄 수 없습니다. 그러니 프리뷰 때문에 밤샘을 하게 되지요. 프로그램에 따라서 프리뷰 전문 요원을 쓰기도 합니다. 방송 관련 학과 학생들도 아르바이트를 합니다.

교양 작가가 되려는 당신에게

어떻게 교양 작가가 되나?

교양 작가는 구성 작가입니다. 구성 작가의 입문 과정은 예능 작가나 교양 작가나 동일합니다. 구성 작가는 공채가 없습니다. 채용하는 특별한 과정이 없을 뿐더러 채용하는 시기가 따로 정해져 있는 것도 아닙니다. 한 프로그램에서 필요할 때마다 그때그때 인원을 충원하지요. 그러니 어디서 어떤 사람을 구하고 있는지 정보에 귀를 활짝 열고 있어야 합니다. 각 방송사 구성 작가 홈페이지, 한국방송작가협회 홈페이지 등에 구인 게시판이 마련되어 있으니 꾸준히 살펴보아야 합니다.

지금 당장 인원을 충원하지 않는다 해도 하고 싶은 프로그램에 자신의 이력서를 미리 보내놓는 사람도 있습니다. 이력서뿐 아니라 프로그램 전반에 대한 자신의 의견이라든지 새로운 기획안이라든지 자신의 능력과 아이디어와 열정을 보여줄 수 있는 것들을 만들어 보내는 사람도 있고요. 방송가에서는 일을 잘할 수 있는 사람을 늘 구하고 있으므로 해당 프로그램이 아니더라도 다른 쪽에서 손을 내밀 수 있답니다. 또한 방송가에 인맥이 있어서 기존 작가나 피디가 제안을 해올 수 있습니다. 방송아카데미나 학교에서 추천을 받기도 하고요. 이런 경우 본인 스스로 방송 일에 관심이 있고 준비가 되어 있어야 제안에 응할 수 있겠지요?

앞에서 말했듯이 교양 작가는 막내 작가부터 시작합니다. 몇 개월에서 1년 이상 지나면 서브 작가가 되고 후에 더 경력을 쌓아 메인 작가가 됩니다.

어떤 사람이 교양 작가에 어울릴까?

방송 작가는 다 그렇지만 특히 교양 작가는 인간사 모든 방면에 대한 관심과 경험이 필요합니다. 당연한 일입니다. 방송 프로그램을 가만히 살펴보면 정말 다종다양한 이야기를 한다는 것을 알 수 있거든요. 생각나는 것만 몇 가지 살펴봐도 그래요. 가족 이야기, 부부 문제, 음식, 건강, 여행, 사건, 사고 등 정말 다양합니다. 사람들과 함께 살아가는 개, 고양이 이야기도 하고 자연 다큐멘터리도 합니다. 그런 만큼 세상에서 벌어지는 다종다양한 일에 관심과 호기심을 가진 사람이 교양 작가에 적합할 것입니다. 한 분야만 파고드는 것보다 다양한 분야에 대한 지식을 두루두루 갖추고 있는 것이 중요하지요.

모든 방송 작가가 그렇듯이 교양 작가도 협업의 능력이 중요합니다. 작가의 일 중 작가 혼자 하는 일은 거의 없습니다. 또 혼자서 하는 일이라 하더라도 의견을 모으고 합의하는 과정이 필요하고요.

그들은 이렇게 교양 작가가 되었다

한지원 작가

한지원 작가의 주요 작품은 KBS 〈VJ특공대〉, 〈인간극장〉, SBS의 〈그것이 알고 싶다〉 등입니다. 한 작가는 교양 프로그램에 작가가 있다는 것을 일반인들은 잘 알지도 못하던 시기에 작가가 되었습니다. 학교를 졸업하고 연극을 했는데 연극계 선배가 "네겐 방송이 어울리겠다"라는 말을 해주었다고 해요. 한 작가는 그 말만 믿고 무작정 방송에 뛰어들었지요. 그때가 1989년이었는데 처음에는 작가가 어떤 일을 해야 하는지도 명확하지 않아서 주어진 온갖 일들을 다했고, 그 가운데 작가의 매뉴얼을 만드는 작업까지 도맡아 했습니다.

30년 가까이 방송 작가 일을 해온 한 작가는 "방송이 세상을 바꾸는 경험"을 할 때 가장 짜릿하다고 말합니다. 〈TV 책-가짜 팔로 하는 포옹〉으로 2016년 한국방송작가상을 수상했습니다.

(출처 《월간 방송작가》, 2017년 1월)

윤성아 작가

윤성아 작가의 주요 작품은 SBS의 〈그것이 알고 싶다〉, 〈SBS스페셜〉과 EBS의 〈다큐프라임〉입니다. 윤 작가는 대학 때 역사교육을 전공했습니다. 전공을 좋아해 대학원에 갈 준비를 했는데 결과가 좋지 않았습니다. 대학원 시험에 낙방해 낙담해 있을 때 교수님의 추천으로 SBS 교양 작가 공채에 응시했습니다. 그때는 작가 공채가 있을 때였어요. 〈모닝와이드〉를 시작으로 〈이경실의 세상을 만나자〉에서 메인을 달기까지 1년이 채 걸리지 않았으니 나름대로 고속승진을 한 것이라고 볼 수 있어요. 윤 작가는 미디어를 다루는 작가에게 가장 중요한 것이 '책임감'이라고 말합니다. 다큐멘터리라 하더라도 사실 그대로가 아닌 편집된 사실을 전하기 때문이지요. 작가는 무엇인가를 사람들에게 알리려는 사람이기 때문에 그에 대한 무거운 책임감을 갖는 것이 재능보다 중요하다고 말합니다. (출처《월간 방송작가》, 2015년 12월)

신진주 작가

신진주 작가의 주요 작품은 KBS의 〈추적 60분〉, 〈우리 아이가 달라졌어요〉와 SBS의 〈그것이 알고 싶다〉, 〈부모 VS 학부모〉, 〈학교의 눈물〉 등입니다. 신 작가는 대학시절 연극반에서 활동했습니다. 배우보다는 연출에 흥미를 느껴 연극연출에 열중했다고 합니다. 그런데 연극반 선배로부터 방송 작가라는 직업에 대해 듣고 '이 길이 내 길'이라는 생각이 들었대요. 방송아카데미를 거쳐 그곳의 추천으로 KBS 〈세계는 지금〉이라는 프로그램으로 방송에 입문했습니다.

그 뒤 예능 프로그램에서도 일을 했는데 예능이냐 교양이냐를 두고 고민도 많이 했다고 합니다. 결론은 "나는 교양 프로그램에 더 맞는 사람"이었고, 그 뒤로 교육 문제를 다루는 프로그램에 집중하고 있습니다.

(출처 《월간 방송작가》, 2015년 5월)

나는 교양 1팀 막내 작가입니다

목 뒤가 뻣뻣하다. 뻣뻣한 곳은 목뿐만이 아니다. 충혈된 눈도 뻑뻑하고 팔목도 시큰거린다. 20대의 나이에 허리도 아프다. 앉은 자세를 바로 하려고 노력해보지만 금세 등이 구부정해진다. 화장실에라도 가려고 일어서면 몸을 똑바로 펴기가 어렵다. 관절이 삐걱대는 소리가 귀에 들리는 것 같다.

지금 시간은 일요일 새벽 3시. 금요일 출근해서 아직도 집에 들어가지 못하고 있으니 시간으로만 따지면 42시간째 회사에 있는 셈이다. 잠은 회사에서 잤다. 편집실 작은 소파에서 웅크리고 잠깐씩 눈을 붙인 정도다. 세수는 했지만 머리는 감지 못했다. 오늘은 감을 수 있을까?

나는 작가다. 방송 작가. 그러나 아무도 나를 작가라고 불러주지 않는다. 내 이름은 '막내'다.

"막내야, 섭외 확인됐니? 전화 좀 해봐."

"막내야, 1층에 출연자 오셨다. 빨리 내려가서 모시고 와."

"막내야, 커피 좀 마시자."

"막내야, 우리 회식 어디다 예약했어?"

"막내야, 아이템 좀 찾았니?"

나를 찾는 그 모든 말들. 그중에서도 가장 무서운 말은 바로 이거다.

"막내야, 프리뷰 다했니?"

내가 지금 하고 있는 것이 프리뷰다. 새벽 3시가 넘었는데 집에 못 가고 아니, 아예 갈 생각도 하지 않고 며칠을 편집기 앞에 앉아서 하고 있는 것이 바로 프리뷰다. 내일 아침 출근 시간 전에 프리뷰가 끝나야 하는데 봐야 할 테이프가 아직도 내 앞에 산처럼 쌓여 있다.

프리뷰는 피디가 찍어온 화면과 스튜디오에서 녹화한 화면을 글로 풀어놓는 것이다. 화면에 나타나는 모든 것을 초 단위로 정리하는데, 아래와 같은 식이다.

00분 01초 집 마당 풀 샷.

00분 04초 수돗가, 화분, 현관까지 카메라 패닝.

00분 06초 현관문 열리고 A 등장

00분 07초 A 대사 "오셨어요?"

이걸 다 써야 한다. 그래야 편집을 할 수 있다.

"남자가 나와서 여자한테 나가라고 하는 대사가 어디 있지?"

"두 번째 테이프 05분 8초에 있습니다."

"인터뷰 중에 남자 바스트(가슴 위로 얼굴을 찍은 화면) 정면은 없나?"

"그건 35분 29초에 있네요."

이렇게 되어야 하는 것이다. 프리뷰 자료가 있어야 편집 구성안을 짤 수 있다. 무슨 그림이 있는지 알아야 어떻게 그림을 붙일지 계획할 수 있는 것이다. 그래야 실제 편집도 할 수 있다.

내가 하는 백만 가지 일 중에 프리뷰가 제일 죽어난다. 피디가 촬영 한 번 나가면 찍어오는 테이프가 수십 개다. 하룻밤 또는 이틀 밤에 걸쳐 다하니, 밤을 꼬박 새는 건 너무나 당연하다. 프리뷰를 빨리 해야 하는 이유는 그래야 빨리 편집할 수 있고, 그래야 작가 언니가 내레이션을 빨리 쓸 수 있고, 그래야 믹싱하고 음악 넣고 하는 후반 작업을 빨리 할 수 있고, 그래야 방송 시간에 늦지 않게 방송을 내보낼 수 있어서다.

프리뷰는 막내가 한다. 정 시간이 없으면 서브 작가 언니들도 같이 프리뷰에 매달린다. 야외 촬영 분량이 많은 옆 팀은 외부에서 전문 프리뷰어를 고용해서 쓴다. 그 팀을 부러워했는데 프리뷰를 직접 안 한다고 해서 그 팀 막내가 나보다 일이 적은 것 같지는 않다.

나는 교양 1팀 〈그래도 인생〉에서 일하는 막내 작가다.

분명 방송 작가이고 방송 프로그램에서 일하고 있는데 글을 쓰지는 않는다. 나를 작가라고 부르는 사람조차 없다. 같이 일하는 선배 작가들이나 피디들은 "막내야"라고 부르거나 그냥 "○○씨" 하고 이름을 부른다. 사실 "○○씨"라고 부르는 사람은 참 인성이 좋은 사람이고, 대부분은 "○○아~!"라고 부른다. 사실 어떻게 부르느냐는 전혀 중요하지 않다. 나를 부르는 소리에 화나 짜증이 들어 있지 않기를 바랄 뿐이다.

대학 졸업반이던 해에 작가교육원 구성 작가반에 들어갔다. 친구들이 다들 토익이나 공무원 시험에 목을 매고 있을 때여서 나도 뭐라도 진로 준비를 해야겠다고 생각해 선택한 길이었다. 나는 공무원 같은 건 할 수 있을 것 같지 않았고, 막연히 글을 써야겠다고 생각했지만 막상 무엇을 어떻게 해야 할지 몰랐다. 취업이 막막한 친구들이 종로의 어학원에 등록하는 것처럼 나도 막막한 상태로 우선 작가교육원에 등록부터 했다.

교육원 과정이 끝나지도 않았는데 가르치던 강사님이 나를 이 프로그램에 소개해주었다. 그간 열심히 수업 듣고 과제를 냈던 보람이 있었던 것이다. 같이 공부하던 동기들이 다 부러워했던 기억이 난다. 그때는 어깨에 힘도 들어갔는데!

"나도 이제 작가다!"

방송사에 들어갔다고 하니 엄마도 정말 기뻐하셨다. 우리 딸이 하는 프로그램이라고 동네방네 소문도 냈다. 시청률이 잘 나와야 한다고 외출했다가도 방송 시간이 되면 서둘러 집에 돌아와서 꼭 본방송을 보신다.

"엄마, 우리 집에는 시청률 기계도 안 달려 있는데. 엄마가 본다고 해도 시청률에 기록되지 않아."

"어머머, 그게 무슨 소리니? 그래도 여러 사람이 보고 소문도 내고 해야지."

내가 하는 프로그램을 엄마가 보는 둥 마는 둥 하면 섭섭하기야 하겠지. 그래도 엄마가 어딜 가든 "우리 작가 딸" 말씀하시는 게 나는 민망하기도 하다. 내가 방송국에서 하는 일을 직접 본다면 엄마는 뭐라고 말씀하실까?

나는 작가를 돕는 일을 한다. 방송이 끝나고 제작 스태프들 이름이 올라갈 때 (우리는 그걸 스크롤이라고 부른다) 내 이름은 '자료 조사 ○○○'이라고 올라간다. 사실 막내 작가를 다른 말로 '스크립터'라고 하는데 그보다 적합한 말이 '자료 조사원'인 것 같다.

나는 모든 것을 조사한다. 신문을 보고 잡지를 뒤지고 지나간 TV 프로그램을 빨리 감기로 돌려보고 하루 종일 인터넷 검색창을 띄워놓고 산다. 프로그램에 관련된 조사만 하는 것이 아니다. 내가 조사해야 하는 것은 주변의 싸고 맛있는 식당, 싸고 맛있는 커피집, 새벽까지 영업하는 야식 집 등이다. 또 방송국 내 현재 비어 있는 회의실, 비어 있는 편집실, 비어 있는 수면실까지 조사하러 다닌다. 피디님, 작가님들이 그것들을 누구도 아닌 나에게 묻기 때문이다.

프로그램과 관련하여 내가 하는 일 중 가장 중요한 일이 아이템 찾기다. 나는 사람을 찾는다. 아이템이 될 만한 사람. 우리 프로그램엔 일반인이 출연한다. "많은 굴곡을 겪으면서도 꿋꿋이 살고 있는 이웃의 삶을 소개함으로써 모두에게 희망을 준다"라는 것이 〈그래도 인생〉의 기획 의도다. 여러 번 망했지만 그래도 다시 일어난 소상공인, 열심히 투병하여 다시 건강을 찾은 사람, 불우한 청소년기를 보냈지만 새로운 출발을 하는 청년…… 인생의 굴곡도 있고 이야기가 될 만한 하이라이트도 있고 다른 사람 보기에 흥미도 있는 그런 사람이 아이템이 된다.

이 '아이템'이라는 것도 프리뷰 못지않게 나를 괴롭히는 단어다. 아이템 찾기야말로 모래사장에서 바늘 줍기다. 세상 많고 많은 사람들, 많고 많은 일들 중에 우리 프로그램에 적합한 사람을 찾는 게 어디 쉬운 일인가? 대체 어딜 가면 그런 사람을 찾을 수 있단 말인가? 암담하기만 하다. 대중매체인 신문이나 잡지에는 일반인 이야기가 거의 실리지 않는다. 나는 회사 사보나 단체의 기관지, 독립잡지 등을 샅샅이 훑는다. 10년 20년 지난 옛날 신문과 잡지도 뒤진다. 어딜 가서 뭘 보든 아이템 생각이 머리에서 떠나지 않는다.

내가 찾아낸 사람들은 1차 자료가 된다. 앞으로도 그 사람들의 연락처를 알아내고 인터뷰를 시도하고 더 많은 이야기를 듣고 방송 출연을 설득하는 수많은 언덕이 남아 있다. 이 언덕을 넘는 과정이 아이템 회의다.

1주에 한 번 아이템 회의를 하는데, 막내 작가가 해야 하는 회의 준비는 그 유명한 '커피 앤 카피'다. 내가 쓸 만하다고 생각한 기사를 인원수대로 복사하고 나 말고 다른 서브 언니들이 준비한 자료도 내가 복사하고 피디님들

186

이 준비한 자료도 내가 복사한다. 그리고 인원수대로 커피도 준비한다. 아이템 회의를 앞두고 있을 때면 가슴이 두근두근하다. 나의 가치(?)를 증명하느냐 못 하느냐가 이 회의에 달려 있다. 내가 찾은 자료가 아이템으로 확정되느냐 아니냐가 이 회의에서 결정되기 때문이다.

사실 내가 일주일 내내 눈이 빠지게 찾았던 자료들 중 살아남는 것은 거의 없다. 회의 때 벌써 반 이상이 '재미없음' 판정을 받는다. 회의 때 살아남더라도 진행 중에 뭔가 걸림돌이 발생한다. 주인공과 접촉해서 취재해보니 방송에 부적합한 내용이 많다거나, 내용은 좋지만 주인공이 방송 출연을 거부한다거나 해서 촬영으로 이어지기가 어렵다. 자료를 스무 개 서른 개 찾아가면 그중 하나가 채택될까 말까다. 그래도 내가 찾은 것이 방송 아이템으로 확정되면 신이 난다. 들인 시간과 노력이 헛되지 않기 때문이다. 힘들게 찾았는데 단 한 개도 채택되지 않고 처음부터 일을 다시 해야 할 때도 있다. 저절로 입이 나오지만 붙들고 하소연할 곳도 없다. 서브 작가나 메인 작가 언니들에게 하소연해도 돌아오는 소리는 늘 똑같다.

"나도 그랬다."

"우리 때도 그랬다."

밤을 꼬박 새고 해가 뜬 지도 한참 지나 겨우 프리뷰가 끝났다. 프리뷰지를 출력해 책상에 올려놓고 잠시 망설였다. 찜질방에 갈까? 찜질방에 가면 잠깐 눈 붙이고 씻고 나올 수 있다. 그렇지만 방송사 건물 밖으로 나가는 것조차 귀찮았고 찜질방을 오가는 시간마저 아까웠기 때문에 그냥 수면실로 갔다. 내가 일하는 방송사에는 교양국이 있는 복도 끝에 남녀로 나뉜 수면실이 있다. 들어가 보면 2층 침대가 빼곡하게 들어차 있고 거기에 두세 시간만 눈을 붙이려는 사람들이 자리를 차지하고 있다. 나 같은 막내는 이런 수면실 이용하는 것도 눈치 보인다. 어딜 가나 눈치를 볼 수밖에 없는 것이 막내의 운명이다.

편집실에 있을 때는 앉아서도 졸았는데 막상 자려고 누우니 오히려 잠이 달아났다. 1년 전만 해도 내가 이런 시간에 이런 곳에 있게 되리라고는 생각도 못 했다.

내가 상상한 것은 커피향 가득한 카페에서 노트북을 켜놓고 있는 모습, 책이 빽빽한 나만의 서재에서 조용히 글쓰기에 몰두하는 모습이었다. 당연히 지금 내 모습은 그와는 거리가 멀다. 내가 친구들에게 "출근은 있지만 퇴근 시간은 없어"라고 말하면 회사에 신입으로 취직한 친구들이 이구동성 "야! 그건 나도 마찬가지야"라고 말했다. 다들 "퇴근 시간이 따로 있는 회사가 어디 있느냐? 상사가 퇴근하는 시간이 퇴근 시간이지"라고 투덜거렸다.

"나는 정해진 내 일이 없고 누가 시킨 일만 하고 있다"라고 말하면 또 이구동성으로 "당연하지. 그건 원래 그런 게 아니냐?"라고 되묻는다. 그러다 "언제든 말 한마디에 잘릴 수 있고 4대 보험도 안 되며 수입은 편의점 알바생 수준"이라고 말하면 그제야 모두 조용해진다. 그리고 말한다.

"넌 그 일을 왜 하는 거야?"

글쎄. 난 이 일을 왜 하는 걸까?

언제까지고 계속 막내 작가를 하라고 하면 당연히 당장 그만둘 것이다. 막내 작가가 직업인 사람은 없다. 지금 하고 있는 일은 내가 정말로 원하는 일을 하기 위한 준비 단계일 뿐이다. 나는 작가교육원에서 프로그램 기획과 구성, 편집 구성안 짜기, 내레이션 쓰기 등을 배웠다. 그렇지만 그 때 배웠던 것보다 지금 배우는 것이 훨씬 많다. 지금 직접 내레이션을 쓰지도 않고 편집 구성안을 짜지도 않으면서 그것들을 하는 다른 작가들을 도우면서 '배우고' 있다. 작가교육원에서는 매 수업시간마다 강사님들이 "지금은 잘 모르겠지만 현장에 가면 무슨 말인지 알 수 있을 겁니다"란 말을 수도 없이 했었다. 지금은 그 말의 의미를 알 것 같다.

나는 지금도 수십 개의 아이템 중에 어떤 것이 살아남고 다른 것들은 왜 채택되지 못하는지 잘 모르겠다. 이른바 '아이템을 보는 눈'이라는 건 현장의 경험이 없으면 생기기 힘든 것이다.

'처음 보는 사람과 순식간에 친해지기'도 엄두를 못 낼 메인 작가의 기술이다. 내게는 한없이 무섭고 엄한 선배인 메인 작가님이 출연자를 대할 때는 한없이 친근한 미소를 지으며 사람을 무장해제 시킨다. 나긋나긋 배려 많다가가도 또 어떤 때는 대단한 카리스마로 출연자를 휘어잡는 것을 보면 저절로 존경심이 생긴다. 방송은 사람과 함께하는 일이니 저렇게 밀고 당기는 기술도 하다 보면 쌓이는 것인가 싶다. 메인 언니는 사람을 대할 때 한없이 들어주고 맞춰주고 하다가도 준비하는 방송에 조금이라도 차질이 생기는 부분은 단칼에 자른다.

우리 팀 메인 언니는 대체 모르는 건 뭐가 있을까 싶다. 그녀가 들고 다니는 휴대폰에는 수천 명의 전화번호가 정리되어 있다. 개인적으로도 잘 아는 경찰이 있고, 한 번 방송에 나왔다가 계속 친분을 쌓아가는 변호사가 있으며, 언제든 전화할 수 있는 의사가 있고, 잘 알고 지내는 애견 훈련사도 있다. 심지어는 다른 팀 서브 작가가 혹시 교도관 중에 연결해줄 사람이 있느냐 또는 용한 무당 중에 아는 사람이 있느냐는 용건을 가지고 오기도 한다. 그러면 그녀에게서는 답이 나온다. 답이 한 번에 딱 안 나오더라도 일단 어디부터 찾아봐야 할지를 알려준다.

우리 팀 메인 언니는 지금 나의 우상이다. 얼마 뒤면 저렇게 될 수 있을까?

5년? 10년? 메인 작가님은 지금 방송 15년차다. 내가 과연 이 방송가에서 15년을 버틸 수 있을까? 다른 팀의 메인들도 우리 메인 언니한테 어려운 점을 상담하고 도움을 얻으러 온다. 뿐만 아니라 다른 팀 피디들도 호시탐탐 우리 메인 언니를 노리고 있다. 개편 때가 되거나 새로 프로그램을 준비하는 피디들은 제일 처음 우리 메인 언니에게 와서 함께 일할 의사를 타진해본다. 당연히 편당 원고료도 최고다. 메인 작가가 되면 원고료를 협상할 뿐만 아니라 일하는 환경을 협상할 수 있다. 이를테면 회의 시간에 맞춰 출근하겠다, 야외 촬영은 함께 가지 않겠다, 서브 작가는 몇 명 이상 붙여 달라 등등……. 메인 언니는 매일 출근하는 건 아니어서 나는 늘 메인 언니 찾아 삼만 리를 하곤 한다.

그렇지만 일하는 환경이 나와 비교할 수 없이 좋고 수입이 높기 때문에 메인 작가가 되고 싶은 것은 아니다. 나는 비록 지금 방송 제작진의 끄트머리에서 일하고 있지만 방송이 멋진 일이라는 것은 알고 있다. 한 편의 방송이 만들어지기까지 얼마나 많은 사람이 애쓰고 열정을 쏟고 있는지 알고 있다. 그리고 한 번의 방송이 얼마나 큰 영향력을 미치는지 알고 있다. 우리 프로그램은 저녁 시간에 방송된다. 다함께 식당에서 밥을 먹으며 우리 프로그램을 보는 날도 있다. 그 식당 안에 있는 사람들이 밥을 먹으며 흘깃 흘깃 TV에 눈길을 주고 식당 아주머니들도 음식을 나르는 사이사이 가끔 화면을 보며 한마디씩 하실 때면 온 몸이 짜릿해진다. 내가 한 일을 누가 봐주고 있다는, 모르는 사람과 무언가 통하고 있다는 데서 오는 전율이다. 내가 발굴한 아이템, 내가 찾아낸 어떤 사람의 이야기가 방송에 나오면 그 희열도 대단하다. 방송 말석에서 일하고 있는 내가 이럴진대 메인 작가로서 출연자를 취재하고 구성하고 내레이션을 쓰고 자신이 쓴 내레이션이 누군가의 목소리가 되어 방송으로 흘러나오는 것을 볼 때는 대체 어떤 느낌일까?

TV는 휴식이고 오락이다. 나는 TV를 좋아하고 우리 식구들도 내 친구들도 모두 그렇다. TV 보면서 식구들이 모여 앉아 수다를 떨고 친구들을 만나도 전날 TV에 나왔던 내용이 화제가 된다.

방송 작가가 얻을 수 있는 즐거움과 보람. 내가 하는 이야기에 사람들이 관심을 갖고 같이 웃고 같이 울고 때론 같이 화낸다. 나는 그 즐거움을 벌써 알아버렸다. 잠 잘 시간도 부족할 만큼 일에 치이면서도 내가 이 일을 계속하는 이유. 내가 작가로 성장하면 할수록 그 즐거움이 더 커질 것이라는 확신이 있어서다.

프리뷰 때문에, 아이템 때문에 지새우는 밤이 앞으로 얼마나 될지 알 수 없다. 그렇지만 하루하루가 헛되지 않다는 것을 믿는다. 방송 작가는 일을 하면서 배운다. 날이 가면 갈수록 경험이 쌓이고 나만의 리스트가 쌓이고 실력이 쌓인다. 내가 더 나은 사람이 되고 일을 더 잘하는 사람이 되는 것이다. 언젠가는 나도 크레디트에 작가라는 이름을 달 것이다. 지금 지새우고 있는 하룻밤 또 하룻밤이 그 바탕이 될 것이다.

상상하는 라디오

라디오는 내 친구

우리나라에서는 일제강점기였던 1927년 첫 라디오 방송이 시작되었습니다. 그 후 라디오는 우리나라의 역사와 문화를 함께하는 존재였습니다. 1945년 일왕의 항복 선언도 라디오 방송으로 들었고, 그 후 전쟁, 휴전, 혁명과 쿠데타 등 역사의 순간마다 라디오가 함께했지요.

지금처럼 TV가 가정마다 보급되기 전에는 라디오가 유일한 매체였고 오락거리였습니다. 가족이 둥글게 모여 앉아 지지직거리는 라디오를 가운데 두고 힘들게 주파수를 잡아서 숨죽여 드라마를 '듣던' 시절도 있었습니다.

80년대 청소년기를 보낸 사람들은 라디오가 가장 큰 친구였다고 해도 과언이 아닙니다. 제일 인기 있는 스타가 라디오 디제이를 했거든요. 라디오 프로그램을 통해 데뷔한 가수도 있습니다. 지금 TV에서 인기 있는 오디션 프로그램도 사실은 라디오가 먼저였습니다. 청취자들은

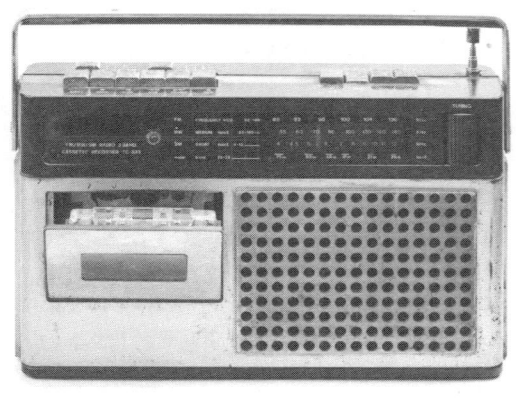
80년대 청소년기를 보낸 사람들에게 가장 큰 친구 역할을 했던 라디오

지금처럼 휴대폰으로 문자를 보내거나 홈페이지 게시판을 사용하는 것이 아니라 손글씨로 쓴 엽서를 보냈지요. 사연이 채택되기 위해서 엽서에 온갖 정성을 다 기울여서 말이에요. 엽서에 그림을 그리는 것은 물론이고 손뜨개로 꾸미거나 꽃잎을 말려서 붙이는 등 창의성 있는 작품을 만들어 보냈습니다. 그 엽서들을 모은 '예쁜 엽서 전시회'도 열려서 많은 사람들이 보러 가곤 했고요.

듣는 즐거움, 상상하는 재미

들을 수만 있다는 것이 라디오의 가장 큰 특성입니다. 물론 요즘은 보이는 라디오라고 해서 인터넷으로 라디오 스튜디오의 모습을 생방송으로 볼 수도 있습니다. 그러나 그것은 방송 내용을 표현해주는 영상인 것이 아니라 이야기를 읽고 있는 진행자 모습을 보여주는 것입니다. 라디오가 청각 매체라는 본질은 변한 것이 아니지요.

라디오는 청각이라는 한 가지 감각만 사용하기 때문에 오히려 상상의 여지가 더 커집니다. 파도 소리, 갈매기 소리만으로 듣는 사람을 바닷가에 데려다 놓지요. 세트나 CG 없이도 청취자를 우주 공간으로 안내할 수 있고요. 상상이라는 것은 무한하니까요.

TV에 비해 라디오가 속보성이 좋은 이유도 소리만 사용하기 때문입니다. 영상을 준비하지 않아도 되니 더 빨리 소식을 전할 수 있잖아요? 큰 사고가 터졌을 때 TV는 사고 현장에 도착해서 그곳 모습을 찍어야 하고 편집도 해야 제대로 된 영상 송출이 가능하지만 라디오는 현장에 있는 사람과 전화 연결만 되어도 사고를 중계할 수 있습니다. 또한 라디오는 휴대가 간편해 언제 어디서든 들을 수 있습니다. 소리만 듣는 것이니 다른 일을 하면서도 얼마든지 청취가 가능하다는 장점이 있고요. 그래서 많은 사람들이 자동차 운전을 하면서 라디오를 듣습니다. 운전이야말로 다른 일과 병행하기 어렵지만 라디오를 듣는 일은 가능하거든요. 가게나 작업장에 라디오를 틀어놓는 곳도 많아서 사람들은 일을 하면서 라디오를 듣습니다.

청취자의 참여가 활발한 매체

라디오를 듣다 보면 청취자의 참여가 무척 활발하다는 느낌을 받을 거예요. 홈페이지 게시판에 사연을 올려놓기도 하고, 실시간으로 문자

라디오 스튜디오

출연자와 이야기를 나누는 라디오 프로그램 진행자

를 보내기도 하지요. 직접 전화 연결을 해서 진행자와 이야기를 나누기도 합니다. 얼굴이 나오는 것이 아니라 목소리만 나오는 것이니 인터뷰에 응하거나 자기 이야기를 하거나 심지어 노래를 부르는 일에도 부담감이 덜한 것이겠지요. 그래서 TV에 비해 라디오는 더 친근한 매체, 더 사적인 매체로 여겨집니다. 청취자는 디제이가 하는 말을 내 친한 친구가 나에게 들려주는 말로 느낍니다. 내가 전하는 말을 디제이가 듣거나 문자로 보고, 그것을 소개도 해주고 대답도 해줍니다. 신청하는 노래를 틀어주고요. 그러니 자신의 개인적인 이야기, 비밀 이야기, 고민 이야기도 털어놓습니다. 그래서 라디오 작가는 더 그들에 대한 무거운 책임감을 가지게 됩니다.

라디오를 가깝게 느끼는 것은 청취자뿐 아니라 라디오를 만드는 사람들도 마찬가지입니다. 제작진이 말하는 라디오의 매력도 친근함에 있습니다. 라디오를 듣는 사람은 매일 같은 시간에 같은 방송을 듣고 사연도 자주 보냅니다. 피디, 작가들도 고정 청취자들의 이름이 친숙합니다. 진행하는 디제이도 청취자들을 더 가깝게 느끼고요.

라디오 방송은 대부분 생방송으로 진행됩니다. 생방송이 주는 짜릿함은 상상 이상이라고 작가들은 입을 모읍니다. 지금 방송하고 있는 내용을 청취자가 실시간으로 듣고 있으며 청취자들의 반응도 실시간으로 전달됩니다. 라디오에서 방금 출연자들이 한 말이나 질문에 대해 즉각적으로 응답이 옵니다. 제작진과 청취자의 구분 없이 다함께 방송을 만들어간다는 인식이 있는 건데요. 물론 생방송이 주는 긴장도 있습니다. 자칫 실수하면 그게 바로 방송사고가 되니까요. 그러니 얼마나 짜릿하겠습니까?

라디오 프로그램의 종류

라디오 프로그램에도 장르가 있다

라디오에도 장르가 있습니다. 시사 뉴스 프로그램이 있고, 음악 프로그램, 예능 프로그램이 있습니다. 드라마도 있습니다. 특히 예전에는 라디오 드라마를 많이 들었어요. 아마 여러분의 조부모님 세대에겐 그런 기억이 많을 겁니다. 역사 이야기를 재구성하여 내보내는 드라마가 인기를 누리곤 했지요. 그런가 하면 여러분의 부모 세대는 시험공부를 하면서 음악 방송 듣기에 열을 올리셨을 거예요. 영어 공부도 거기서 나오는 팝송으로 하고요.

그렇지만 대부분의 라디오 프로그램은 모든 것이 다 들어 있는 종합 구성물이라고 보면 됩니다. 무엇을 더 중시하느냐 어느 것에 더 많은 시간을 할애하느냐 하는 차이가 있을 뿐이지요.

시사 뉴스 프로그램

라디오는 뉴스를 가장 빨리 전할 수 있는 매체입니다. 사건이 터졌을 때 신문은 기사를 써서 인쇄하고 배포해야 합니다. TV는 카메라가 현장에 가서 영상을 찍어서 방송을 해야 하고요. 하지만 라디오는 전화만 있으면 현장을 연결해 뉴스를 전할 수 있습니다. 물론 지금은 사건 사고가 생기면 트위터 등의 SNS가 가장 빨리 소식을 전하지만요. 그래서 요즘의 라디오 뉴스는 누가 빨리 하느냐 하는 속보 경쟁보다는 누가 더 자세히 의미 있는 분석을 하느냐, 어떻게 더 좋은 기준으로 비판을 하느냐로 경쟁하고 있습니다.

시사 프로그램은 주로 아침 출근 시간대에 편성됩니다. 출근하면서 그날의 뉴스와 날씨를 듣게 되지요. 시사 프로그램은 뉴스, 그리고 그와 관련된 인물의 인터뷰로 이루어지는 구성이 대부분입니다. 초대 손님 간에 토론이 벌어지기도 하고, 그 토론에 청취자들이 참여하기도 하지요. 그래서 가장 중요한 것이 아이템 선정과 섭외입니다.

뉴스는 뉴스이기 때문에 가장 핫한 인물, 지금 화제가 되고 있는 일의 중심에 선 인물을 섭외하는 것이 중요합니다. 이미 지나간 이야기의 주인공을 다시 불러내 이야기하는 것보다 지금 한창 사람들이 관심 있고 궁금해 하는 당사자의 목소리를 들려줘야 하니까요.

시사 프로그램의 아이템 선정과 섭외는 바쁘게 이루어집니다. 그날의 화제로 아이템 선정을 하고, 화제의 인물을 그날 섭외해야 하니, 방송을 몇 시간 남기지 않은 상태에서 섭외가 진행됩니다. 다급하고 긴장되고 초조한 상황이지만 시사 프로그램 제작진들은 그 또한 즐기더군요.

시사 프로그램은 주로 아침 출근 시간에 방송되다 보니 만드는 사람들은 꼭두새벽에 출근합니다. 새벽이라고 하기도 뭣한 한밤 두세 시경부터 일을 시작하지요. 방송이 아침 시간에 끝나면 다음 날 방송을 준비해놓고 대낮에 퇴근합니다. 보통 사람들과는 라이프사이클이 다르니 친구들과 만나서 놀 시간이 없다는 것을 제일 큰 어려움으로 꼽기도 합니다.

음악 프로그램

라디오라고 하면 흔히 떠올리는 것이 음악입니다. 그만큼 음악 프로그램이 라디오의 대표적인 프로그램입니다. 클래식, 가요, 팝으로 구분하기도 하고 따로 음악 장르를 구분하지 않는 음악 방송도 있습니다.

음악 프로그램은 여타 장르에 비해 제작진이 단출한 편입니다. 피디와 작가, 디제이 셋이서 꾸려가는 방송도 있거든요. 코너를 만들어 게스트를 초대한다면 조금 더 복잡해질 수도 있겠네요.

음악은 어떻게 선정하는 걸까요? 우선은 그날의 콘셉트에 따라 선정된 음악들을 내보냅니다. 즉 오늘은 비가 오니 비와 관련된 음악들을 내보낸다든가, 클래식이라면 바로크 음악들을 골라 내보낸다든가 하는 식이지요. 그런데 라디오는 청취자들과의 교감이 생명이잖아요? 일방적으로 음악을 내보내기보다는 청취자의 사연을 받고 또 신청곡을 받아서 틀어주는 형식을 취합니다. 라디오는 대부분 생방송이어서 예전에는 신청곡이 들어오면 그 음반을 찾으러 자료실로 뛰어가곤 했습니다. 지금은 원하는 음악은 언제 어디서건 금세 찾을 수 있게 기술이 발전되어서 그런 일이 없지만요.

202

음악 프로그램이야말로 라디오의 특성을 가장 잘 드러낸다고 볼 수 있습니다. 바로 나 개인에게 들려주는 것 같은 친밀함인데요. 정통 음악 프로그램은 대부분 심야에 방송되는데 아무도 없는 공간에서 혼자 라디오를 듣다 보니 그런 느낌이 더 강해집니다. 그래서 라디오 청취자들은 한 번 듣기 시작한 방송은 매일매일 오랜 기간 듣게 되는데요. 라디오 프로그램 중에 수십 년 전통을 이어오는 장수 프로그램이 많은 것도 그런 이유입니다. KBS의 〈밤을 잊은 그대에게〉, MBC의 〈별이 빛나는 밤에〉, CBS의 〈꿈과 음악 사이에〉는 40년 이상 방송되고 있는 장수 음악 프로그램입니다.

예능 프로그램

예능 프로그램과 음악 프로그램을 명확히 구분하는 것은 어려운 일입니다. 음악 방송에도 많은 예능적 요소가 들어가고 예능 프로그램에서도 당연히 음악을 틀어주기 때문입니다. 라디오를 듣다 보면 청취자 대상 퀴즈도 있고, 초대 손님도 있고, 청취자의 사연 소개도 있습니다. 초대 손님을 불러서 청취자의 사연을 놓고 이런저런 이야기를 나누는 토크쇼 형식을 차용하기도 하고요. 분량에 있어서 음악이 더 많은 비중을 차지하느냐, 여타의 코너에 더 많은 시간을 할애하느냐에 따라 음악 방송이냐, 예능 방송이냐를 구분할 수 있는데요. 대표적인 라디오 예능으로 SBS의 〈컬투쇼〉, MBC의 〈두시의 데이트〉를 들 수 있겠네요.

처음부터 끝까지 음악과 청취자가 보내온 사연으로만 진행하는 프로그램도 있습니다. 대표적인 것이 MBC의 〈여성시대〉인데요. 청취자가 보내준 사연을 진행자가 감정을 넣어 맛깔나게 읽어주지요. 평범한 사람들이 생활 속에서 겪는 이야기들, 감동적인 이야기들이 청취자들의 공감을 불러일으킨답니다.

요즘에는 시사 프로그램에도 예능적 요소가 많이 가미됩니다. 더 많은 사람들이 듣고, 더 많은 사람들이 즐길 수 있도록 여러 가지 시도를 하는 거예요.

라디오 예능은 예능이라고 못 박기보다 종합 구성 프로그램이라고 하는 편이 더 정확할 것입니다. 특히 아침 방송의 경우에는 장르를 규정할 수 없을 정도로 구성이 다양합니다. 날씨와 간추린 뉴스부터 전화 연결, 짧은 사연 소개, 초대 손님과의 대화, 음악 등 아주 다양한 코너가 있거든요.

라디오 드라마

라디오 드라마는 대사와 음향효과, 음악으로 이루어집니다. 라디오 드라마의 전성기도 있었습니다. TV 보급률이 크지 않았던 시절, TV가 있더라도 저녁 6시가 넘어야 방송이 시작되었던 시절에는 라디오 드라마가 인기가 많았어요. 라디오 드라마가 영화화되는 일도 흔했고요. 영상 매체가 발달하고 언제 어디서나 영상을 볼 수 있는 기기들이 발전하면서 라디오 드라마는 예전만큼 많이 만들어지지 않습니다. 그렇지만 프로그램의 한 코너로 콩트 형식의 라디오 드라마는 여전히 만들어지고 있습니다.

라디오 작가는 이런 일을 한다

라디오 작가는 어떤 일을 할까?

라디오 작가가 하는 일은 TV 구성 작가가 하는 일과 크게 다르지 않습니다. 즉 기획, 섭외, 자료 조사, 구성, 대본 쓰기 등등을 모두 합니다. 프로그램 기획 단계에서는 타이틀, 방송 시간, 형식, 방송 채널, 희망 방송 일시, 기획 의도, 제작 방향, 구성 내용, 예상 아이템 등등 준비해야 할 것이 많습니다. 그중에서 중요한 것은 어떤 코너들로 라디오를 구성할 것인가, 각 코너별로 어떤 사람들을 고정 게스트로 삼을 것인가 하는 점입니다. 프로그램을 이끌 디제이를 선정해서 섭외하는 일도 큰 일 중 하나고요.

기획안이 승인되어 프로그램 제작이 확정되면 본격적으로 방송 준비에 들어갑니다. 라디오는 대부분 생방송이어서 더 철저히 준비해야 합니다. NG가 난다고 해도 다시 할 수 없고, 편집을 할 수도 없으니까요. 그러니 실수하지 않도록 만반의 준비를 하고, 예측하고, 돌발 상황에 대한 대비책을 마련해두어야 합니다.

진행자 섭외가 가장 중요하다

라디오엔 디제이, 또는 MC라고 부르는 고정 진행자가 있습니다. 이 고정 진행자가 프로그램에서 차지하는 역할은 절대적입니다. TV에서는 프로그램에 진행자의 이름을 붙이는 경우가 거의 없는데 라디오는 진행자의 이름이 프로그램 타이틀에 들어가지요. 〈강석, 김혜영의 싱글벙글쇼〉, 〈두시 탈출 컬투쇼〉, 〈최화정의 파워타임〉 등이 그렇습니다. 한 번 진행을 맡으면 몇 년 이상 같은 프로그램을 진행하는 사람도 많아요. 당연히 진행자의 캐릭터가 방송에 녹아들지요 〈최화정의 파워타임〉은 톡톡 튀고, 〈두시 탈출 컬투쇼〉는 포복절도할 사연들이 줄지어 이어집니다. 〈음악도시 성시경입니다〉는 다정하고 잔잔한 진행으로 심야 라디오의 전형으로 여겨졌고요. 진행자들은 자기 이름을 걸고 하는 것이니 더 애착과 책임감을 가지고 방송합니다. 그래서 10년, 때로는 20년 이상 같은 프로그램을 진행하곤 해요. 실제로 MBC에서는 10년 이상 라디오 진행을 한 디제이에게 브론즈 마우스(Bronze Mouth)를, 20년 이상 일한 디제이들에게는 골든 마우스(Golden Mouth)를 시상합니다. 일종의 공로상이에요.

그러니 섭외에서 가장 공을 들여야 하는 것이 고정 진행자를 선택하는 일이 될 수밖에 없어요. 진행자가 방송의 성패를 좌우하니까요. 진행자는 누가 이 방송을 주로 들을 것인가, 어떤 연령층의 어떤 사람들을 대상으로 방송을 내보내느냐에 따라 정해집니다. 20~30대의 젊은 사람들을 대상으로 하는 심야 방송이라면 그 연령대에게 인기 있는 사람을 섭외하는 것이 좋겠고, 낮 시간 주부 대상이라면 주부들에게 인기 있는 진행자가 소통이 쉬울 테지요?

206

특별 출연자 섭외

고정 진행자가 섭외되었다면 중요한 섭외는 마무리된 것이나 다름없습니다. 이제 코너별 게스트나 아이템에 따라 그날의 특별 출연자들을 섭외하는 일이 남았네요. 게스트를 섭외할 때도 고정 진행자와의 어울림을 잘 살펴야 합니다. 말이 잘 통하는 상대를 만나면 방송이 더 흥미진진해질 테니까요.

작가들은 자신만의 섭외 노트를 가지고 있습니다. 작가에게 섭외 노트는 무엇과도 바꿀 수 없는 보물입니다. 그동안 출연했던 각 분야 전문가들이나 연예인들의 전화번호, 이메일 주소, 직장, 성향 등을 정리해둔 노트니까요. 또 다시 그들을 섭외하기 위해서이기도 하지만 그분들을 통해 다른 사람을 소개받을 수도 있거든요(인맥은 평소에 세심히 관리해야만 만들어내고 유지할 수 있답니다).

라디오는 TV보다 장벽이 낮은 매체이기 때문에 섭외가 오히려 쉬울 수도 있습니다. 목소리만 나오는 것이어서 평소 방송 출연을 꺼리는 사람들도 섭외에 응하기도 합니다. 그렇지만 반대의 경우도 있습니다. 이왕에 방송 출연을 할 거면 TV에 나가겠다고 하는 사람도 있거든요. 영향력 면에서는 TV가 훨씬 효과적이라고 생각하는 분들입니다. 물론 그런 사람들을 설득하는 것 역시 작가의 역량이지만요.

방송 원고 쓰기와 그 밖의 일들

라디오 작가는 출연자를 섭외하고, 인터뷰를 하고, 자료 조사를 하고, 방송 원고를 씁니다. 원고는 방송 종류에 따라 다르지만 디제이의 오프닝 멘트부터 음악 소개 멘트, 인터뷰의 질문과 대답, 콩트 대본 등등 다양합니다.

TV 구성 작가들과 마찬가지로 라디오 작가는 원고를 쓰는 일 이외에도 다양한 일을 합니다. 전화로 청취자가 참여하는 코너가 있다면 작가는 참여를 원하는 청취자와 미리 통화해서 할 이야기를 조율합니다. 또 계속 실시간으로 들어오는 청취자의 반응을 디제이에게 전달하는 역할도 해요. 방송하는 도중에도 실시간으로 원고를 수정하기도 하고요. 왜냐고요? 더 재미있는 상황이 생겼다면 그 상황을 얼른 반영하고, 돌발 사태가 생기면 순발력 있게 대처해야 하니까요.

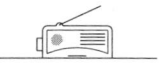

너의 목소리가 들려_라디오 글쓰기

소리로 모든 것을 표현하라

라디오 대본이야말로 방송 대본의 특징을 잘 살려야 합니다. 짧고, 쉽게, 구어체로 써야 해요. 일단 귀에 잘 들려야 하니 너무 복잡한 문장이나 문어체의 문장은 피해야 하고, 쉽고 정확한 단어를 선택해야 합니다.

당연한 이야기지만 라디오 글은 소리로 모든 것을 표현해야 해요. 화면이 없으니 듣기만 해도 상상으로 그림이 그려지는 글을 쓰는 것이 중요합니다.

또 라디오 작가는 청취자들이 무언가 다른 일을 하면서 라디오를 듣고 있다는 것을 명심해야 합니다. 즉, 크게 집중해서 듣지 않아도 이해할 수 있도록 간결하고 알아듣기 쉽게 분명하게 써야 한다는 뜻인데요. 그러려면 써놓고 나서 반드시 본인이 소리 내어 읽어보아야 합니다. 읽기가 불편하거나 자꾸만 발음이 꼬이거나 하면 다른 식으로 바꾸어 씁니다.

쓴 글을 다른 이에게 들려주면서 듣는 사람이 정확히 잘 알아듣는지 확인하는 과정도 필수지요. 잘못 알아듣는 부분이 있으면 그 부분을 고쳐야 하니까요.

진행자의 목소리를 살려라

또 하나, 라디오 글은 작가의 목소리가 아닌 라디오의 진행자, 디제이의 목소리를 통해 전달된다는 것을 분명히 알아야 합니다. 청취자는 작가가 쓴 글도 디제이의 말이라고 생각하면서 듣습니다. 그러니 글을 쓸 때 디제이의 말투, 어조, 성격 등을 고려해야겠지요? 디제이가 이것을 읽을 때 어떻게 읽을까를 떠올리며 써야 자연스러운 글이 됩니다. 청취자가 공감할 수 있는 글을 쓰기 이전에 우선 그 글을 읽어줄 디제이와의 공감이 먼저입니다. 자신의 개성을 살리는 글보다 디제이의 개성이 살아나는 글쓰기가 더 먼저랍니다. 그래서 작가와 디제이의 궁합이 맞아야 한다는 이야기가 나오는 거고요.

선택받는 청취자 사연은 따로 있다

상품은 제품 회사의 협찬으로 이루어진다

청취자들은 라디오 프로그램에 한 줄의 짧은 문자를 보내기도 하고 긴 글을 게시판에 올리기도 합니다. 청취자 사연은 청취자가 방송에 참여하는 방법인 동시에 방송을 구성하는 데 큰 비중을 차지하는 아이템입니다. 숫자만으로 따지면 엄청나게 많은 사연이 방송국에 도착하는데요. 선정된 사연에는 상품을 줘요. 커피 쿠폰 같은 소소한 것에서부터 커다란 가전제품까지 상품 종류는 정말 다양합니다. 한 달에 한 번 최고의 사연을 뽑아 해외여행권을 상품으로 주는 프로그램도 있지요.

상품은 방송사에서 주는 것이 아니라 제품 회사의 협찬입니다. 회사에서 광고 전략의 하나로 프로그램에 도움을 주는 것인데요. 회사 입장에서는 라디오라는 전파를 통해 광고를 하니 좋고, 방송국은 상품이 많고 클수록 청취자가 더 열심히 듣고 참여할 테니 좋고, 청취자 입장에서는 짧은 글을 쓰고 상품을 받으니 좋은 것입니다.

사연을 채택할 때 주의할 점

사연을 채택하는 건 작가의 몫입니다. 퀴즈의 정답 같은 짧막한 문자들은 추첨으로 채택하거나 시간 순으로 가장 먼저 들어온 것을 채택해요. 그렇지만 꼭 정답이 아니라 오답이라도 답 자체가 재미있고 센스가 넘치면 오답을 채택하여 선물을 주기도 합니다. 작가가 청취자의 사연을 방송에 소개하고 글쓴이에게 선물도 보내주려면 사연을 신중하게 채택하는 것이 중요하겠죠? 새롭고 재미있고 다른 청취자들도 다 흥미롭게 들을 만한 사연을 잘 골라야 합니다. 사연이 얼마나 재미있느냐가 그 방송의 재미를 좌우하기도 하니까요.

그런데 사연을 고를 때 작가가 꼭 명심해야 하는 점이 또 있습니다. 진짜 사연과 가짜 사연을 구별해낼 줄 알아야 한다는 것입니다. 가짜 사연이란 상품을 노리고 만들어낸 이야기를 보내는 걸 말해요. 상품만을 목적으로 한 사람이 수십 개의 가짜 사연을 만들어서 온갖 프로그램에 다 보낸 사건이 있었습니다. 주민등록번호도 도용하고 주소도 가짜로 만들어서 아들을 군대 보낸 아주머니도 되었다가 실연의 상처에 몸부림치는 청년도 되었다가 직장에서 쫓겨난 가장 행세도 하는 등 가짜 사연으로 상품을 탄 것이죠. 이것은 엄밀히 말하면 사기입니다. 그 사람은 어떻게 되었냐고요? 주민등록법 위반 등의 혐의로 입건되었지요. 또 똑같은 사연을 여러 방송국에 보내는 사람도 있습니다. 다른 방송에서 들었던 이야기를 자신의 이야기인 것처럼 포장해 보내기도 하고요. 그것을 걸러내지 못하고 다른 방송에 나왔던 이야기를 또 내보내면 그것은 그야말로 방송 사고죠. 그러니 작가는 중복 방송이 아닌지 세세히 살피고 상품만을 노린 가짜 사연은 아닌지 걸러내는 감각을 키워야 합니다. 어디서 본 듯한 글이거나 보낸 이의 아이디와 이름, 주소 등이 낯설지 않다면 다시 한 번 체크해보는 등 신경을 써야 합니다.

채택 가능성을 높이려면?

주변에는 라디오에 아무리 여러 번 사연을 보내도 한 번도 채택되지 않았다고 투덜거리는 사람들이 많이 있는데요. 채택되는 사연을 보내는 데에도 요령이 있답니다. 우선 새로 만들어진 프로그램의 새로 만들어진 코너를 공략해보세요. 아직 잘 알려지지 않았으니 당연히 사연도 적겠죠? 한마디로 경쟁률이 낮으니 가능성이 더 많은 겁니다. 프로그램에서 원하는 분량을 정확히 맞추는 것도 중요합니다. 사연이 너무 길면 작가가 글을 읽고 손봐야 하는 시간이 길어져서 채택하지 못할 수도 있어요. 청취자 사연은 보내온 그대로 방송되기도 하지만 작가가 미리 읽고 방송에 부적합한 단어는 없는지 문맥에 맞지 않는 말은 없는지 걸러내고 수정해서 디제이에게 넘겨줍니다. 그러니 너무 긴 사연은 부담스럽겠지요?

사연이 채택되는 가장 좋은 방법은 뭐니 뭐니 해도 글에 진심을 담는 것입니다. 자신이 좋아하고 즐겨 듣는 프로그램의 청취자들과 진심으로 함께 나누고 싶은 이야기를 보내는 것이죠. 진심은 통하게 마련이니까요.

213

끝났다고 끝난 것이 아니다_방송 후의 일들

청취자는 가족이다

앞에서 "라디오는 사적인 매체다"라는 말을 했습니다. 디제이가 친구처럼 옆에서 이야기해주고, 때로는 나의 말이 디제이에 의해 라디오로 흘러나오기도 합니다. 그래서 라디오를 듣는 사람은 이른바 충성도가 높아요. 매일 같은 시간에 같은 프로그램을 듣는 것이지요. 제작진이 만들고 청취자는 듣기만 하는 관계가 아니라 제작진과 청취자가 같이 프로그램을 만들어간다는 공통된 생각이 있습니다. 제작진들이 고정 청취자들을 식구나 가족으로 부를 만큼요. 따라서 방송을 하는 데서 끝나지 않고 청취자들을 초대하여 공개 방송을 하기도 하고 고정 청취자들과 함께 1박2일 여행도 갑니다.

공개 방송은 방송사 스튜디오에 제한된 수의 방청객을 모아놓고 하는 경우도 있고, 큰 공연장을 빌려서 그야말로 대규모 콘서트처럼 진행하기도 합니다. 아예 야외에 큰 무대를 만들어놓고 방송을 하기도 하

214

고요. 이때는 정말 엄청나게 많은 준비를 해야 합니다. 음향, 조명, 무대 등등을 점검하고, 출연자 섭외부터 공연 내용 잡기, 공연 순서 잡기, 공연 대본 쓰기, 청취자 선정, 청취자 초대 등등 생각만 해도 일거리가 수없이 많은 대형 프로젝트죠. 청취자와 함께 가는 여행도 마찬가지예요. 방송을 준비하는 것과는 다른, 커다란 이벤트성 행사를 준비하는 것이어서 들이는 시간과 노력이 만만치 않답니다.

청취자와 교감하라

청취자와 함께하려는 소박한 노력으로 오픈 스튜디오라는 것을 운영하기도 합니다. 오픈 스튜디오는 생방송을 하고 있는 모습을 유리창 너머로 볼 수 있도록 만들어놓은 곳이에요. 방송하고 있는 디제이를 밖에서 볼 수 있고, 디제이들도 밖에서 자신을 들여다보는 사람들을 볼 수 있어요. 가끔은 밖의 소리가 라디오 생방송으로 들리도록 연결하기도 하고요. 좋아하는 연예인이 방송하는 시간에 맞추어 오픈 스튜디오를 찾는 팬들도 많답니다.

청취자와의 교감, 친밀감을 위하여 행사를 준비하고 진행하는 데 작가들이 큰 고생을 하는 것은 두말할 나위가 없는 일입니다. 물론 방송을 더 잘하고 청취층을 더 단단히 하기 위해서 이런 일들을 하지요.

라디오 방송은 출판과도 흔히 연결됩니다. 라디오의 편지 사연을 모은 책이 나오기도 하고, 음악 프로그램의 오프닝 멘트들을 모아서 책을 내기도 합니다. 라디오 프로그램 내용이 책으로 출판된 것들은 다음과 같아요.

「**사랑이 사랑에게 두 번째 이야기**」 – MBC 라디오 '정지영의 스위트 뮤직박스'의 '사랑이 사랑에게' 코너에서 방송을 탄 100가지 이야기를 담았다.

「**그남자 그여자**」 – MBC FM '이소라의 음악도시'의 인기 코너의 방송 원고를 추린 책이다.

「**오프닝&클로징**」 – 강혜정과 이고운이 지은 책으로 라디오 작가인 두 저자가 여러 라디오 프로그램에서 썼던 오프닝과 클로징 멘트들을 모았다.

라디오 작가가 되려는 당신에게

어떻게 라디오 작가가 되나?

라디오 작가도 공채는 없습니다. 추천이나 소개를 통해 이력서를 내고 면접을 통해 프로그램에 막내 작가로 들어가지요. 추천은 지인이나 학교, 아카데미를 통하는 등 TV 구성 작가가 채용되는 과정과 비슷합니다. 라디오 프로그램에 직접 자신이 쓴 글과 방송 비평을 보내 구직을 하게 된 작가도 있습니다. 어디든 적극성을 보이면 길이 열리지요.

라디오 작가도 다른 방송 작가와 마찬가지로 특별히 학력이나 전공을 요구하지 않습니다. 라디오가 다루는 것은 무궁무진하기 때문에 많은 지식, 호기심, 다양한 취미를 가지고 있는 것이 더 중요하니까요. 베스트셀러, 웹툰, 유행어, TV 프로그램, 패션, 음악, 시사, 세상사와 요즘 사람들이 관심을 가지고 있는 것들을 많이 알면 알수록 좋습니다.

라디오는 제작 규모가 TV에 비해 작기 때문에 작가도 많지 않습니다. 한 명의 작가가 일하는 프로그램도 많고요. 그렇지만 한 프로그램에 세 명 정도의 작가가 일하는 것이 보통입니다. 물론 규모가 큰 시사 프로그램에는 많은 수의 작가가 일하고 있고요.

라디오 작가도 연차에 따라 막내 작가, 서브 작가, 메인 작가로 구분 됩니다. 서브 작가는 프로그램의 한 코너를 전담하는 경우가 많아 '코 너 작가' 또는 '꼭지 작가'라고도 불립니다. 자기가 담당한 코너의 출연 자를 섭외하고 사연을 정리하고 원고를 쓰죠. 막내 작가는 자료를 찾고 전화를 받고 청취자의 사연을 정리하는 등 다른 작가들을 보조하고요. 메인 작가는 오프닝과 클로징 멘트를 쓰고 모든 코너를 총괄합니다. 피 디는 회사에서 발령 내주는 것에 따라 프로그램을 1~2년마다 옮겨 다 니지만 메인 작가는 프로그램이 없어지지 않는 한 자리를 지키는 경우 가 많습니다.

라디오 작가 역시 프리랜서입니다. 메인 작가가 되면 프로그램을 여 러 개 맡을 수도 있어요. 라디오 프로그램과 TV 프로그램을 같이 집필 하기도 하고요. 물론 라디오를 하다가 TV로 옮겨가기도 하고, TV 작가 로 있다가 라디오 프로그램을 맡기도 합니다. 매체의 특성이 다르고 각 각의 장단점이 있기 때문에 자신에게 더 잘 맞는 매체를 선택하는 것 이 중요합니다.

어떤 사람이 라디오 작가에 어울릴까?

모든 방송 프로그램과 마찬가지로 라디오는 협업으로 만들어집니다. 라디오는 TV와 비교했을 때 더 친밀하고 사적인 매체라고 얘기했지요? 제작진들도 더 가족 같은 분위기고요. 라디오는 한 번 프로그램을 맡으면 프로그램이 없어지지 않는 이상 계속 같은 작가가 일하는 경우가 많습니다. 같은 디제이가 10년 이상 한 프로그램을 진행하기도 하지요. 그래서 라디오는 피디와 작가, 진행자, 이 세 사람의 궁합이 잘 맞아야 한답니다. 그러니 '함께 일하는 즐거움'을 잘 누릴 줄 아는 사람이 라디오 작가에 적합합니다.

또 하나, 라디오 작가에게 필요한 것은 성실성과 규칙성입니다. 라디오는 TV와 비교해보자면 방송 원고의 양이 많은 편입니다. 모든 것이 소리로만 이루어지는 데다 휴일 없이 매일 방송이 이어지니 당연한 일이겠죠. 음악이 차지하는 비중이 많은 프로그램이 있고 그렇지 않은 프로그램도 있겠지만 평균적으로 작가가 써야 하는 대본의 양은 A4 용지로 대략 30장 정도라고 합니다. 어떤 글이든 매일매일 30장을 쓴다는 것은 쉬운 일이 아니지요.

라디오는 생방송이 대부분이기 때문에 매일매일 원고를 씁니다. 라디오 작가는 매일 정해진 시간에 정해진 분량의 원고를 꾸준히 써낼 수 있어야 합니다. 아파서 입원을 한 뒤에도 병실에서 원고를 썼다, 심지어 자신의 결혼식 날에도 짬을 내 원고를 썼다는 이야기도 있어요. 휴가를 마음 놓고 갈 수도 없겠죠. 디제이들이 휴가로 자리를 비울 때에 맞춰 제작진이 한꺼번에 휴가를 내기도 합니다. 그럴 경우에는 며칠 분을 미리 녹음해두지요. 라디오 작가가 얼마나 끈기 있게 성실하게 규칙적으로 일하는 직업인지 짐작이 가지요?

라디오 작가는 프리랜서입니다. 프리랜서는 출퇴근을 하지 않는다고 생각하겠지만 방송을 매일 한다면 매일 방송국에 나와야 해요. 함께 일하는 사람들이 다 방송국에 있으니까요. 다만 아침에 출근해 저녁에 퇴근하는 패턴은 아닙니다. 방송 시간에 따라 새벽에 나와 방송하고 제작진과 같이 아침 먹고 퇴근하는 경우도 있고, 심야 방송이면 늦은 저녁에 출근하기도 합니다. 고용이 불안하고 정규직이 아니라는 것은 라디오 작가도 마찬가지입니다. 그렇지만 라디오 작가와 다른 일을 겸할 수 있는 것도 정규직이 아니기 때문에 가능한 일이지요.

그들은 이렇게 라디오 작가가 되었다

황초현 작가

교단에서 국어를 가르치다가 시를 쓰려고 교사를 그만두었습니다. '마로니에 전국여성백일장'에서 장원을 차지한 후 여러 신문과 인터뷰를 하게 되었고 그것을 본 라디오 피디가 연락을 해왔어요. 그렇게 라디오 작가가 되었고 한참 일할 때는 두세 개의 라디오 프로그램을 한꺼번에 집필하기도 했습니다. 음악 프로그램을 하면서 동시에 시사 프로그램을 하고 콩트를 쓰면서 캠페인을 같이 쓰기도 했죠. 아기 낳고 2주 만에 일에 복귀하고 주말에는 링거를 맞으면서 버티는 등 방송 욕심을 내던 시기도 있었지만, 지금은 많은 것을 내려놓고 일을 즐기고 있습니다. 현재 KBS 클래식FM 〈출발 FM과 함께〉의 작가입니다

(출처 《방송작가》, 2017년 2월호)

유선경 작가

중학교 시절부터 라디오 키드였습니다. 즐겨 듣던 프로그램이 〈황인용의 영팝스〉였는데, 그 방송을 통해 라디오에 작가라는 존재가 있다는 것을 알게 됐어요. 늘 방송 작가라는 직업을 마음에 두고 있던 중에 대학을 졸업하기도 전에 지인의 소개로 방송국에 첫발을 들여놓게 되었습니다. 그리고 졸업하자마자 〈박찬숙의 오늘과 내일〉을 시작으로 시사 프로그램, 아침 정보 프로그램, 음악 프로그램 다양한 장르의 라디오 프로그램을 했습니다. KBS2 라디오 〈매일 그대와. 유열입니다〉를 쓰고 있는데 작가 유선경의 말이 아니라 유열의 말을 쓰고 있다는 것을 잊지 않고 있다고 합니다. (출처《방송작가》, 2016년 7월호)

박장희 작가

작가가 되고 싶어서 방송작가협회 교육원 수업을 들었는데 동기 중에 〈엄정화의 가요광장〉 메인 작가가 있었습니다. 그 친구의 제안으로 제작진과 면접을 보았고 그것이 라디오 입문의 계기가 되었습니다.

출근하면 제일 먼저 박스에 가득 찬 청취자 편지부터 읽는 것이 일이었던 시절에 일을 시작하여 〈황정민의 FM 대행진〉을 할 때 휴대폰 문자 사연을 받기 시작했고, 대부분의 사연이 인터넷으로 전달되는 지금까지 라디오 작가로 일하고 있습니다. 현재 KBS-R 〈당신의 아침 박은영입니다〉의 작가입니다. (출처《방송작가》, 2016년 2월호)

라디오 청취율 조사

TV 시청률은 텔레비전에 기계를 달아 조사하지만 라디오 청취율은 설문 조사를 통해 알아냅니다. 설문 조사를 전문으로 하는 회사에서 지역, 연령 등을 배분한 샘플 표본을 만들고, 그 사람들에게 전화 조사를 실시합니다. 라디오를 들었는지, 들었다면 어떤 라디오 프로그램을 들었는지 물어보는 것인데요. 청취율 조사는 1년에 네 번 정도 합니다. 청취율 10%라고 하면 전체 라디오를 듣는 사람들 중에 그 프로그램을 들은 비율이 10%라는 의미입니다.

청취율은 방송국 입장에서는 많은 것들을 결정하는 기준이 됩니다. 청취율이 높은 인기 프로그램은 장수하게 되고 그렇지 않으면 금세 사라질 수 있습니다. 청취율이 높으면 광고 효과도 좋으니 더 많은 광고가 붙고 청취자들에게 주어지는 선물도 더 많아집니다.

7장

번역 작가
뜯어보기

앉아서 하는 세계여행_번역 영상물

외화의 역사 = TV의 역사

우리나라 TV는 외국에서 만든 프로그램을 종종 방송합니다. 대표적인 것으로 외화가 있고요. 다큐멘터리, 애니메이션, 드라마 등 외국어로 되어 있는 영상물을 우리 TV로 방송하기도 해요. 물론 한국어로 번역된 방송이지요. 1962년 우리나라 최초의 TV 방송사가 개국할 당시부터 이미 TV 외화가 편성표에 들어 있었으니, 외화의 역사는 TV의 역사와 같다고 볼 수 있습니다.

〈프렌즈〉나 〈섹스 앤 더 시티〉 등의 시트콤으로 시작된 미국 드라마의 인기는 곧이어 수사물, 의학 드라마 등의 장르물로 확대되더니 이제는 미드 폐인을 양산할 만큼 영향력이 증폭했습니다. 미국 드라마뿐 아니라 영국 드라마, 중국 드라마도 인기를 얻고 있지요. 채널이 많아지고 방송 시간이 늘어나면서 번역 영상물도 예전과 비교할 수 없이 늘어난 추세입니다. 덩달아 영상 번역을 꿈꾸는 사람도 많아졌고요.

영상 번역에 도전하라

외국어에 자신이 있으면서 드라마나 영화에 관심이 많고 좋아하는 사람이 누구보다 먼저 작품을 대하고 자신의 감동을 나누는 일을 하려고 영상 번역에 뛰어듭니다.

영상 번역 작가는 책이나 서류 등 글로 된 것을 번역하는 것이 아니라 드라마, 영화, 다큐멘터리 등의 영상물을 번역합니다. 영상 번역 작가도 방송 작가에 속합니다. 번역이라고 하면 외국어를 한국어로 옮기는 것만 생각하기 쉬운데, 한국의 영상물을 외국어로 번역하는 작업도 국내의 영상 번역 작가들에 의해 이루어져요. 우리나라 방송물이 해외에서 큰 인기를 끌면서 번역 작가의 위상도 갈수록 높아지고 있습니다.

영상 번역의 종류

자막 번역

영상 번역에는 자막 번역과 더빙 번역이 있습니다. 자막으로 할 것이냐 더빙으로 할 것이냐는 방송국에서 선택하기 나름인데요. 둘 다 장단점이 있고, 사람에 따라 선호하는 것도 다릅니다. 먼저 자막 번역부터 볼까요?

자막 번역은 외국어를 번역한 것을 화면 하단에 글자로 내보내는 것입니다. 화면을 너무 많이 가리면 안 되므로 두 줄 이상 자막을 올리지 않습니다. 그래서 긴 대사도 짧게 줄여서 번역하지요. 자막 번역을 선호하는 사람은 실제 외국 배우의 목소리를 그대로 들을 수 있어서 좋다고 합니다. 그 배우의 연기를 그대로 볼 수 있으니까요. 대신 대사가 그대로 번역되지 않고 간결해지며 자막에 집중하느라 정작 영상 자체에는 집중이 안 되는 단점도 있지요. 영상미가 훌륭한 자연 다큐멘터리나 영화라면 영상의 일부가 글자로 가려지는 것도 안타까운 일이고요.

더빙 번역

공중파 TV는 주로 더빙 번역을 합니다. 아동 대상의 영화나 애니메이션인 경우에는 당연히 더빙을 하고요. 더빙 번역을 주장하는 사람들은 더 많은 사람들이 쉽게 방송을 볼 수 있도록 하기 위해서라고 합니다. 글을 모르는 어린아이들도 볼 수 있으니까요. 자막이 있으면 아무래도 화면이 많이 가려지잖아요? 빨리 지나가는 자막을 미처 따라잡기 힘든 사람들도 많고요.

더빙을 하면 대사를 대부분 다 번역할 수 있다는 장점이 있습니다. 자막의 경우처럼 의도적으로 길이를 줄이지 않아도 되지요. 성우는 이렇게 번역된 대사를 목소리로 연기하고요. 더빙 번역의 단점은 원래 배우나 내레이터의 목소리를 그대로 들을 수 없다는 데 있습니다. 그 사람의 연기를 그대로 느낄 수 없지요. 번역 작가의 입장에서도 원래 대사와 번역 대사의 길이를 딱 맞춰야 하는 애로사항이 있고요. 영상에 나오는 배우의 입모양과 성우의 목소리가 맞아야 하니까요. 우리말과 외국말의 어순 자체가 다른데 입모양과 대사를 맞추다 보니 흔히 번역 톤이라 불리는 어색한 억양이 느껴지기도 해요.

어떻게 번역 작가가 되나?

번역 작가가 되려면?

번역 작가도 다른 방송 작가와 마찬가지로 프리랜서로 일합니다. 이것 역시 공채가 없고 지인의 소개, 추천을 받거나 스스로 이력서를 내서 프로그램과 계약합니다.

각종 방송아카데미에 영상 번역반이 개설되어 있습니다. 영상 번역의 기법과 대본 작성 등을 배우고 아카데미의 소개로 일하게 되는 경우가 많습니다.

방송 영상 번역을 하는 데 특별한 자격증이 필요한 것은 아닙니다. 방송국에서는 되도록 경력자를 선호하기 때문에 처음에는 작은 일부 터 해보면서 경력을 쌓는 것이 좋습니다. 또한 영상 번역가들이 모여 있 는 회사도 있으니 그런 곳에 입사하여 다양한 영상물을 번역하면서 경 험을 축적하면 좋겠지요.

번역료

번역료는 따로 정해져 있지 않습니다. 번역이 쉬운 것도 있고, 전문적인 내용을 담고 있다거나 대사가 많고 까다로워서 상대적으로 어려운 영상물도 있으니까요. 초보자에게 맡기는 것과 경력이 있고 실력이 검증된 번역 작가의 번역료도 같을 수 없고요. 다만 글로 된 대본이 있는 경우와 대본 없이 영상물에 입혀진 소리만 듣고 번역해야 하는 경우의 번역 원고료는 확실히 차이가 납니다. 당연히 대본이 없는 경우 더 많은 번역료를 받을 수 있습니다.

번역 작가가 되려는 당신에게

외국어 실력은 기본이다

번역 작가가 꿈이라면 당연히 외국어 공부를 열심히 해야 합니다. 번역을 하려면 당연히 해당 언어를 잘해야겠죠. 모국어를 쓰듯이 그 나라 언어를 쓸 수 있다면 제일 좋고요. 그런데 단순히 그 나라 언어를 잘하는 것만 가지고는 부족합니다. 한 단어가 어떤 맥락에서 쓰이는지 알려면 그 나라의 시사나 상식, 문화, 역사에 대해 어느 정도 알고 있어야 하거든요. 같은 단어가 부정적으로 쓰이기도 하고 긍정적으로 쓰이기도 하니 그 차이를 판단할 수도 있어야 하고요. 시의성이 있는 단어, 그 나라의 유머나 유행어도 알고 있어야 합니다. 그러기 위해서는 그 나라에서 인기가 있는 영화, 드라마를 꾸준히 찾아보는 것이 좋습니다.

우리말 감각을 키워라

외국어만 잘한다고 해서 번역을 할 수 있는 것은 아닙니다. 한국어 표현력이 더 중요합니다. 번역된 결과물로 나오는 것은 결국 한국어니까요. 우리말의 제대로 된 문장 표현을 알아야 하고, 방송 언어의 특성이나 제약도 알아야 합니다. 또 우리말의 다양하고 좋은 표현을 익히는 것이 중요합니다. 이런 능력을 갖추고 싶다면 문학작품을 많이 읽고 좋은 영화도 꾸준히 찾아보는 것이 좋습니다.

자막 번역은 긴 대사를 짧게 줄이면서도 말의 핵심과 감정을 고스란히 전달할 수 있어야 합니다. 더빙 번역이라면 원래 대사와 더빙 대사의 길이가 딱 떨어지도록 맞출 수 있어야 하고요. 또한 드라마나 영화 등 이른바 영상에 대한 이해도 필요합니다. 이야기가 있는 영상엔 흐름이 있게 마련인데요. 그것을 번역자가 제대로 이해하고 느껴야 바른 번역이 가능할 것입니다.

8장

방송 작가가
되고 싶다면

방송에 어울리는 사람이 따로 있을까?

"방송 작가가 딱!"이라는 검사 결과를 믿어도 될까?

초등학교 때부터 학교에서 적성검사라는 것을 합니다. 학교 외 사설기관에서도 이런 저런 적성검사를 하지요. 진로적성검사, 학습유형검사, 성격별 직업적성검사 등등 종류도 참 많습니다. 내게 과연 어떤 직업이 어울릴지, 나는 과연 어떤 것을 좋아하는 사람인지, 무엇을 하면 잘할지 알아보고 싶은 것은 당연합니다. 하지만 적성검사 결과를 너무 맹신하는 것은 좋지 않아요. 적성검사라는 것이 100% 정확한 결과가 나오는 것도 아니니까요. 적성검사 결과는 그저 참고 자료로 삼는 게 좋겠습니다.

  그렇다면 방송 작가가 적성에 맞는, 방송 작가에 어울리는 사람은 따로 있을까요? 사실 어떤 사람만이 방송 작가를 할 수 있다는 기준은 없습니다. 다만 다른 사람보다 더 재미있게 방송 작가 생활을 할 수 있는 어떤 성향은 있겠지요.

이런 성향이 있다면 도전해보자

방송 작가를 하는 데 도움이 되는 성향은 어떤 것일까요, 어떤 자질을 갖추면 도움이 될까요? 한번 알아봅시다.

• 호기심 짱, 창의력 짱

방송 작가에게 호기심이란 꼭 필요한 덕목입니다. 호기심이란 남들이 당연하게 생각하는 것들도 "왜 그럴까?" 의문을 던지며 한 번 더 생각해보고 다른 방식으로 생각해보고 더 궁금해 하는 것입니다. 호기심이 있는 사람은 알고 싶은 마음도 큽니다. 다른 사람들에게 알려주고 싶은 마음도 많고요. 다르게 생각하면 창의적인 아이디어도 샘솟습니다. 호기심과 창의력! 방송 작가에게는 든든한 무기입니다.

• 함께 일하는 게 좋아

방송은 협업입니다. 특히나 교양, 예능 프로그램은 처음부터 끝까지 많은 사람들과 함께 일하게 됩니다. 혼자서 글을 쓰는 시간은 얼마 되지 않습니다. 어쩌면 제작진이 가득한 촬영 현장에서 글을 쓰게 될 수도 있습니다. 주변에 사람이 있으면 도무지 일이 손에 잡히지 않는다거나 내가 한 일에 대해 누군가 간섭하는 것이 싫다면 방송 일을 하는 것이 쉽지 않을 것입니다. 혼자 조용히 일하는 것보다 여러 사람들과 어울려 무언가 함께 만들어나가는 일이 더 즐거운가요? 그렇다면 당신은 방송에 딱 어울리는 사람입니다.

• 사교성이 남부럽지 않아

흔히 사교성이 좋다고 평가받는 사람이 있습니다. 친화력이 있다고 말하기도 합니다. 낯선 사람과도 금세 친해지고 많은 사람들 안에 섞여 있어도 주눅 들지 않는 성격이 방송과 어울립니다. 방송을 하면 계속 낯선 사람과 만납니다. 출연자가 매회 바뀌기도 하지만 함께 일하는 제작진이 계속 바뀌기도 합니다. 또 그들 모두가 각자의 개성이 뚜렷한 사람들입니다. 작가는 정말 많은 사람들을 만납니다. 유명 인사에게 인터뷰 요청을 하고 본격적인 취재에 앞서 당사자뿐 아니라 주변인의 이야기를 들어봐야 합니다. 심지어는 촬영 현장에서 지나가는 사람을 섭외해야 하는 경우도 있지요. 그러니 생전 처음 보는 사람과 만나 얘길 하거나 길게 통화하는 일이 매일 반복됩니다. 사교성 있고 사람 만나는 걸 좋아하는 사람이라면 이 일을 더 재미있게 할 수 있지 않을까요? 낯선 사람들 속에서도 긴장하지 않고 편안하고 부드럽게 사람들을 대할 수 있는 것. 사실 특별한 능력은 아닙니다. 말을 잘하지 않아도 분위기를 주도하지 못해도 됩니다. 사람을 대할 때 진심이 있으면 상대 쪽에서도 마음을 열어주니까요.

• TV를 사랑해

모든 사람이 TV를 좋아할까요? 많은 사람들이 TV를 통해 정보를 얻고, TV를 보면서 여가시간을 보내지만, 그것을 이해하지 못하는 사람들도 분명 있습니다. TV는 대중매체여서 대부분의 사람들이 좋아할 만한 이야기, 흥미와 관심이 있을 만한 이야기를 하려고 노력합니다. 그런데 TV를 아무리 봐도 왜 저런 것에 흥미를 느끼는지 도저히 이해하지 못하겠다는 사람도 있어요. 그렇다면 그 사람은 조금 독특한 편에 속하 겠네요. 관심사나 취향이 남들과 다르고 독특한 것은 좋은 것도 아니고 나쁜 것도 아닙니다. 그냥 조금 다를 뿐입니다. 그렇지만 어쨌든 TV에서 보여주는 어떤 프로그램에도 별 재미를 못 느끼고 흥미도 없다면, 그곳에서 일하기는 어렵겠지요. 방송을 좋아하는 사람이 방송을 잘할 수 있습니다.

● 믿음직한 사람

방송 일에서는 신뢰성이 큰 덕목입니다. 방송에서 말하는 것, 소개하는 것에 아주 사소한 부분이라도 거짓이 있어서는 안 되겠죠. 실수로 사실과 다른 내용이 방송에 나가면 의도한 것이든 아니든 후폭풍이 엄청나게 크거든요. 방송의 영향력이 큰 만큼 작은 실수도 용납이 안 되는 거죠. 자막에 맞춤법 하나만 틀려도 문제가 됩니다. 그러니 방송 일을 하는 사람은 꼼꼼하고 세밀해야 합니다. 아무리 사소한 정보라도 사실 확인을 하고 또 하는 치밀함이 있어야 해요. 따라서 덜렁대는 성격보다는 꼼꼼한 성격을 가진 사람이 유리합니다. 아무래도 실수를 덜 할 테니까요.

240

지금 할 수 있는 일을 하자

신문, 잡지를 꾸준히 읽자

방송 작가의 핵심 역량은 '세상에 대한 관심'입니다. 신문, 방송, 잡지 등을 매스미디어라고 하는데요. 매스(mass), 즉 대중에게 어떤 이야기를 전하는 수단들을 일컫지요. 따라서 대중매체는 대중이 관심을 가지는 것, 또는 관심을 가질 만한 것들을 다룹니다.

 방송 작가가 되려면 시사적인 일에 눈과 귀를 열어놓는 것이 좋습니다. 신문이나 잡지를 한 종류 선정해서 꾸준히 보다 보면 이른바 '세상 돌아가는 일'을 조금은 알게 됩니다. 세상이 어떻게 돌아가고 있는지 알아야 세상에 전달하고 싶은 나의 메시지도 생깁니다.

늘 기록하자

신문이나 잡지, 블로그 들을 보면서 본인이 관심 가는 주제가 있으면 스크랩이나 메모를 해서 자신만의 아이템 노트를 만들어보는 것도 좋습니다. 세상에 널린 게 자료라 해도 내 손이 한 번 가야 비로소 내 것이 됩니다.

기록은 습관입니다. 무엇이든 듣고 지나치지 말고 기록해두어야 내 것이 됩니다. 들을 때는 재미있던 이야기도 시간이 지나면 잊힙니다. 놓치기 아까운 이야기, 지식들은 꼭 기록해둡니다. 기록하는 과정에서 한 번 더 보게 되니 머리에 오래 남습니다. 이것들이 쌓이면 나중에는 무엇과도 바꿀 수 없는 보물이 되지요.

책을 읽고 글을 쓰자

당연한 말이지만 작가는 글 솜씨가 있어야 합니다. 글 솜씨만 있다고 해서 방송 작가가 되는 건 아니지만, 그것이 글 솜씨가 없어도 된다는 말은 아니에요. 말하자면 충분조건은 아니고 필요조건인 거죠.

글 솜씨를 키우려면 무조건 많이 읽고 많이 써야 합니다. 그 외에는 방법이 없어요. 정기적으로 꾸준히 글을 쓰는 연습을 하는 데엔 일기 쓰기가 안성맞춤입니다. 가장 좋은 방법이죠. 일기를 쓰면 자신의 개인적인 생각을 정리할 수도 있지만 나중에는 그것이 훌륭한 역사 기록물이 되거든요. 20년 뒤, 지금 시대와 관련된 일을 할 때 자신의 일기에서 훌륭한 디테일을 발견할 수 있을 겁니다.

영상을 보자

'영상 언어'라는 말이 있습니다. 영상이 가지고 있는 시각 이미지, 소리 등은 언어처럼 어떤 체계를 가지고 내용을 표현하고 전달해줍니다. 방송을 하려면 영상을 알아야 합니다. 방송이란 영상과 말의 조화이기 때문이죠. 영상을 안다는 말은 영상적인 표현에 대한 감을 익히는 것입니다. 사실 효과적이면서도 예술적인 영상 연출에 정해진 어떤 규칙이 있는 것은 아닙니다. 그렇기에 평소 영상물에 관심을 가지고 많이 봐야 하는 거예요. 많이 볼수록 보는 눈이 깊어집니다.

상식을 쌓자

방송 작가는 다방면에 지식이 많아야 합니다. 일을 하면서도 끊임없이 공부해야 해요. 이미 상식을 많이 쌓아놓았다면 일하기가 훨씬 수월하겠죠. 방송이란 시청자와의 소통이고 소통을 하려면 즉, 말이 통하려면 상식이 먼저 통해야 합니다. 상식을 쌓는 가장 좋은 방법은 책을 읽는 것입니다. 소설뿐 아니라 역사, 과학, 예술 등 다양한 분야의 책을 읽다 보면 상식은 저절로 쌓입니다.

다양한 경험을 하자

경험에만 매몰되는 것도 위험한 일이지만 내 경험만큼 힘센 것이 없습니다. 여행 책을 열 권 읽는 것보다 1박2일이라도 내가 직접 여행을 떠나는 편이 훨씬 남는 것이 많습니다. 경험이란 것이 꼭 오지여행, 익스트림 스포츠 같은 남들과 다른 특별한 것을 의미하지는 않아요. 현재 생활에 충실한 것도 경험입니다. 책 보고 영화 보고 공부하고 동아리 활동도 하고 또래들과의 생활을 열심히 하다 보면 경험이 쌓입니다.

외국어 실력도 중요하다

방송 작가의 일상은 '자료 찾기'입니다. 방송 작가는 자기 머릿속, 마음속에 있는 것들을 밖으로 꺼내는 작업이라기보다 세상에 무질서하게 존재하는 것들, 많은 사람들이 관심 있는 것들을 정리해서 맥락을 잘 잡아서 보여주는 역할을 합니다. 당연히 자료가 가지는 힘이 크지요. 아이디어도 자료에서 나오고 아이템도 자료에서 나오니까요. 마음껏 자료를 볼 수 있으려면 외국어도 어느 정도 해야 합니다. 한글로 번역되어 있지 않은 자료를 봐야 할 때도 있으니까요. 신선한 자료를 누구보다 먼저 찾아서 보려면 외국어 실력이 중요합니다. 외국어를 익혀놓으면 언제고 빛을 볼 때가 있답니다.

그래도 남은 이야기

방송 작가 중 여성이 많은 이유가 뭐죠?

방송작가협회에 등록된 전체 회원 3,051명 중 남성 회원은 345명, 여성 회원은 2,706명입니다. 현재 교육을 받고 있는 작가교육원 수강생을 보아도 여성이 월등히 많습니다. 남녀 비율에서 차이가 나는 특별한 이유가 있는 것은 아니지만 방송 작가가 워낙 많은 것을 꼼꼼히 챙겨야 하기 때문에 여성에게 더 맞는 일이라는 인식이 있지요. 지금 활동하고 있는 유명 작가들 가운데 여성이 많기 때문에 자신을 도와줄 후배 작가, 막내 작가로 여성을 주로 선발하는 이유도 있을 테고요.

　TV 시청자 비율로 봤을 때 여성이 남성보다 많은 것도 여성 작가가 많은 이유 중 하나입니다. 여성들의 시청 횟수, 시청 시간이 길다 보니 여성들에게 관심 있고 흥미 있는 주제들이 방송에 많이 나오는 것입니다. 그러나 방송계에서 활발히 활동하고 있는 남성 작가들도 얼마든지 있습니다. 드라마 분야에서는 남성 작가의 활약이 예전보다 두드러지고요. 예능 분야 역시 많은 남성 작가들이 이름을 떨치고 있습니다.

대표적인 남성 드라마 작가

드라마 작가로서 이름을 떨친 대표적인 분들을 소개합니다. 관심 있는 분들은 이름을 들어본 적 있을 거예요.

● **최완규 작가**

1993년 MBC 베스트극장 극본 공모에 당선되어 드라마 작가로 데뷔했습니다. 사극과 현대극을 넘나드는 작가로 2010년 제1회 서울문화예술대상 드라마 작가 부문 대상, 2007년 제43회 백상예술대상 TV부문 극본상을 수상했습니다. 주요 작품으로 〈주몽〉, 〈올인〉, 〈상도〉, 〈허준〉 〈종합병원〉 등이 있습니다.

● **박경수 작가**

1998년 MBC 베스트극장 〈설사약 권하는 사회〉로 데뷔하였으며, 그 후 SBS 〈카이스트〉에서 송지나 작가의 보조 작가로 일하며 본격 집필을 시작했습니다. 2012년에 방영된 SBS 〈추적자〉로 백상예술대상 극본상, 한국방송대상 작가상을 수상했습니다. 〈추적자〉 외 주요 작품으로 〈황금의 제국〉과 〈펀치〉가 있습니다. 이 세 작품은 박경수 작가의 권력3부작으로 불립니다.

● 김운경 작가

1981년 KBS 〈전설의 고향〉으로 데뷔하여 30년 이상 현역 작가로 이름을 날리고 있습니다. 1997년 KBS 주말연속극 〈파랑새는 있다〉로, 1994년 MBC 주말 연속극 〈서울의 달〉로 작가상을 받았습니다. 현재 한국방송 작가협회의 이사장을 맡고 있습니다. 주요 작품으로 〈유나의 거리〉, 〈서울 뚝배기〉, 〈한지붕 세가족〉, 〈옥이 이모〉 등이 있습니다.

대표적인 남성 예능 작가

자, 이번에는 시청자들의 사랑을 듬뿍 받고 있는 예능 프로그램의 작가들을 알아봅시다.

● 최대웅 작가

고교시절, 당시 인기 있는 청소년 참여 프로그램이었던 〈비바청춘〉에 콩트를 썼습니다. 그때 제작진이었던 장덕균 작가가 최대웅 학생의 재능을 알아보고 나중에 작가가 되라고 권유했는데요. 꿈을 간직하고 있다가 1994년 SBS 예능 작가 공채에 수석으로 합격했습니다. 2011년 KBS 연예대상 코미디부문 방송 작가상을 수상했습니다. 주요 작품으로 〈황금어장-무릎팍도사〉, 〈좋은 친구들〉 등이 있습니다.

● 박원우 작가

20년차 예능 작가이고 방송 작가 3인이 주축이 되어 만든 창작그룹 '감자 크리에이티브'의 공동대표입니다. 〈미스터리 음악쇼 복면가왕〉으로

2015년 MBC 연예대상 작가상, 방송작가협회 예능부문 작가상을 수상했습니다. 주요 작품으로 〈느낌표〉, 〈스펀지〉, 〈1대100〉 등이 있습니다.

● 김대주 작가

김대주 작가는 나영석 피디와 KBS 〈1박2일〉, tvN 〈꽃보다 할배〉, 〈삼시세끼〉를 함께했습니다. 제작진의 존재를 자유롭게 노출하는 나 피디의 연출 스타일 때문에 화면에도 자주 얼굴을 비치곤 했는데요. 그래서 더 친근하게 느껴지는 작가입니다. 김 작가는 TV 드라마를 통해 방송 작가라는 직업이 있다는 것을 알았다고 합니다. EBS 라디오 영어 프로그램으로 처음 구성 작가로 입문한 후 MBC 〈느낌표〉, 〈공부의 제왕〉 등을 거쳤습니다.

● 최재영 작가

최 작가는 SBS 〈야심만만〉, KBS 〈우리동네 예체능〉, tvN 〈삼시세끼-어촌편〉, 〈꽃보다 청춘〉에서 작가로 일했습니다. 최 작가는 대학 졸업 후 일본어를 배우고 싶어 일본으로 유학을 떠났습니다. 유학 중 TV로 본 휴먼 다큐멘터리에서 주인공으로 나왔던 한 일본 예능 작가의 삶에 매료되었습니다. 한국으로 돌아와서 방송아카데미를 다니며 방송 작가 수업을 듣던 중 방송국 아르바이트로 〈순간포착 세상에 이런 일이〉라는 프로그램의 프리뷰를 했습니다. 찍어온 방송 테이프를 글로 풀어쓰는 일이었죠. 그때 일을 잘해서 방송국 피디와 작가들의 눈에 띄었습니다. 그중 한 사람이 SBS 〈부산 아시안게임 특집〉 팀에 최 작가를 막내로 데리고 갔고 그것이 방송 작가의 출발이 되었습니다.

방송 작가가 되려면 방송아카데미에 다녀야 하나요?

방송아카데미는 많습니다. KBS, MBC, SBS 아카데미 외에도 학력 인정을 해주는 대학 형태의 아카데미부터 사설 학원에 이르기까지 선택의 폭이 넓습니다. 또 드라마, 예능, 구성, 라디오 등 다양한 과정이 개설되어 있어서 작가 지망생들이 교육 과정을 통해 자신에게 어떤 장르가 맞는지 스스로 체크해볼 수 있습니다. 커리큘럼을 보면 프로그램 기획부터 후반 작업까지 방송에 대한 대부분의 실무를 가르칩니다. 유명 방송 작가들이 강사로 출강하기도 합니다.

그렇다고 해도 반드시 방송아카데미 출신이어야 작가가 되는 것은 아닙니다. 지금 일하고 있는 방송 작가들 대부분이 아카데미 출신이냐 하면 그렇지도 않거든요. 극작과나 신문방송학과 출신들만 방송 작가를 하는 게 아닌 것처럼 아카데미에서 배운 학생들만 작가가 되는 것이 아닙니다. 사실 작가의 역량이라는 것은 실제 프로그램을 하면서 천천히 길러지거든요. 교실에 앉아서 몇 년을 배운다 하더라도 막상 방송 일을 시작해보면 아무것도 아는 게 없다는 걸 느끼게 되지요.

아카데미의 장점은 현업 피디나 작가들이 출강한다는 것입니다. 그러다 보니 우수하고 성실한 학생들을 프로그램에 소개해주고 연결해주는 다리 역할을 해줄 수 있습니다. 발 빠르게 정보를 줄 수도 있고요. 알음알음으로 작가 구인을 하다 보니 "지금 어떤 프로그램에서 작가를 구하고 있다"라는 정보가 굉장히 귀중하거든요.

같은 진로를 준비하는 동기가 만들어진다는 장점도 있습니다. 사회생활하면서 동기는 여러모로 많은 도움이 됩니다. 정보도 주고 도움도 주고 난관을 만났을 때 위로도 해주는 사람이 바로 동기들이니까요.

방송 작가가 되려면 글을 잘 써야 하나요?

글을 잘 쓴다는 것은 어떤 의미일까요? 잘 쓴 글이란 자신의 생각을 구조적, 논리적으로 표현한 것입니다. 또한 자신의 감정을 생생하게 이해와 공감이 쉽도록 표현한 것입니다. 방송 작가는 생각을 논리적으로 해야 하고 감정을 생생하게 표현할 줄 알아야 합니다. 당연히 글을 잘 써야 하겠죠.

그런데 일반적으로 글을 잘 쓴다는 것과 방송 작가로서 글을 잘 쓴다는 것은 조금 의미가 다릅니다. 앞에서도 말했지만 방송 글은 읽는 글이 아니라 듣는 글이기 때문입니다. TV든 라디오든 방송 작가가 쓴 글은 결국에는 소리로 들립니다. 그래서 책으로 읽으면 무척 잘 쓴 글이지만 방송용으로 들으면 그렇지 않은 경우도 있습니다. 한 문장이 너무 길거나 문장 구조가 복잡하거나 문어체로 쓰인 글은 문장 자체는 주옥같다 할지라도 듣는 글로서는 적합하지 않겠지요. 방송 작가는 들리는 글을 잘 써야 합니다.

그런데 글을 잘 쓰는 것은 타고나는 것일까요? 글을 쓰는 일은 자전거 타는 것과 비슷합니다. 자전거를 탈 때 누구나 처음에는 비틀비틀 중심을 잡기가 힘듭니다. 하지만 반복해서 연습하다 보면 어느새 걷는 것만큼 쉽게 자전거를 탈 수 있게 됩니다. 훈련이 중요하지요. 글 쓰는 훈련은 많이 써보는 것 이상이 없습니다. 많이 읽고 많이 쓰고 많이 생각하는 것. 그것이 글쓰기의 왕도입니다.

전 이과인데 방송 작가가 될 수 있을까요?

이공계 출신 방송 작가는 크게 환영받을 것이라고 생각합니다. 방송가에 이공계가 드물어서 오히려 더 전망이 밝다고 볼 수 있어요. 과학기술 부문은 특별한 지식이 없으면 이해할 수 없고 재미도 없다는 선입견이 있습니다. 하지만 우리 생활에서 빼놓을 수 없는 중요한 분야인 것만은 사실이죠. 그러니 더 쉽고 재미있게 다가가려는 노력이 있어야 했는데 이제까지는 그런 시도가 충분하지 않았습니다. 이공계 출신 방송 작가가 많아진다면 과학기술과 관련된 대중적인 프로그램들도 더 많아질 것입니다.

학창시절 동아리 활동도 도움이 될까요?

학교 다닐 때 다양한 활동을 하는 것은 작가 일을 하는 데 큰 도움이 됩니다. 어떤 경험도 쓸모없는 것은 없어요. 방송은 그야말로 모든 것을 다루니까요.

학교 방송반 활동은 당연히 큰 도움이 되지요. 작가 일뿐 아니라 피디의 일도 해보고 디제이도 해보고 방송 장비도 다뤄보면 방송 전반을 이해하게 됩니다. 문학부, 연극부, 신문부, 교지편집부 등 모든 동아리가 다 도움이 됩니다. 밴드부도 좋습니다. 밴드부가 작가와 관계가 있을까 싶겠지만 밴드 공연을 하려면 전체 기획을 하고 스토리를 짜고 멘트를 써야 하니 작가 일과 무척 비슷하죠.

학창시절 어떤 경험도 좋고 어떤 동아리 활동도 좋지만 무언가 만들어내는 경험, 즉 시작해서 클라이맥스까지 사람들의 반응을 끌어내고 마무리를 짓는 구성을 해보는 경험은 굉장한 자산이 됩니다.

저는 그냥 평범한 사람인데 방송 작가가 될 수 있을까요?

흔히, 문화예술계에 종사하는 사람은 무언가 독특하고 비범한 모습일 것이라고 생각합니다. 창조적인 일을 하는 사람들이니 보통 사람하고는 어디가 달라도 다르겠죠. 그러나 방송 작가에게는 특별함, 비범함보다는 평범함과 다른 사람들과의 공통 경험이 더 중요합니다.

방송을 하려면 대중적인 감각을 익히는 것이 반드시 필요합니다. 보통 사람들이 대부분 겪는 일들을 같이 겪으면서 생기는 공통적인 감수성을 가지고 있어야 합니다. 아무리 좋은 환경에서 자랐다 하더라도 남들과 다른 너무 특별할 삶을 살았다면 보통의 감수성을 가질 수 없고 공감 가는 일도 적을 것입니다. 〈응답하라〉 시리즈가 인기 있고 시청률이 높았던 것은 그 시기를 같이 겪어왔던 보통 사람들의 호응 때문이었습니다. 석유풍로 하나만 보고도 그것이 소환하는 기억들이 있는 사람들이 열광적으로 반응했죠.

문화적 배경이 다르면 웃음 포인트도 다르고 감동을 받는 지점도 다릅니다. 방송은 결국 사람에 대한 이야기고 여러 사람이 보는 것이기 때문에 방송 작가는 오히려 더 평범해야 합니다. 그것을 대중성이라고 말할 수도 있겠네요.

붙임 자료_방송의 세계 조금 더 파보기

방송 작가의 삶을 보여주는 책과 영화들

방송 작가의 일과 애환, 그들이 일하는 공간 이야기, 생활 모습을 세밀히 알고 싶다면 방송 작가가 주인공으로 등장하거나 배경이 방송국인 드라마나 영화, 소설을 보는 것도 도움이 됩니다. 몇 가지 소개할게요.

<판타스틱> JTBC 드라마(2016년 9월~10월)

극본: 이성은, 출연: 김현주, 주상욱, 박시연 김태훈

이판사판 '오늘만 사는' 멘탈갑 드라마 작가 이소혜와 '똘끼충만' 발연기 장인 톱스타 류해성의 짜릿한 기한 한정 연애담

<온에어> SBS 드라마(2008년 3월~5월)

극본: 김은숙, 출연: 김하늘, 박용하, 송윤아, 이범수

드라마 피디와 작가, 연기자, 매니저들의 삶과 사랑 이야기를 다룬 드라마

<원티드> SBS 드라마(2016년 6월~8월)

극본: 한지완, 출연: 엄태웅, 박효주, 전효성, 이문구

국내 최고 여배우가 납치된 아들을 찾기 위해 생방송 리얼리티 쇼에서 범인의 요구에 따라 미션을 수행하는 이야기

<프로듀사> KBS2 드라마(2015년 5월~6월)

극본: 박지은, 김지선, 출연: 김수현, 아이유, 차태현 공효진

방송국 예능국 안에서 프로그램을 만들면서 톱스타와 피디, 작가 등 제작진들 사이에서 벌어지는 이야기

<맨해튼> 1979년 영화

극본: 우디 앨런, 출연: 우디 앨런

우디 앨런이 극본을 쓰고 감독하고 주연으로 출연한 영화. 주인공 아이작 데이비스의 직업이 방송 코미디 작가

<접속> 1997년 영화

극본, 감독: 장윤현, 출연: 전도연 한석규, 추상미

라디오 피디인 동현(한석규)과 홈쇼핑 가이드 수현(전도연)이 PC통신으로 로맨스를 이어간다. 추상미가 동현을 짝사랑하는 방송 작가 은희를 연기함

「오프더 레코드」 소설(2011년)

지은이: 강승희

예능 작가를 주인공으로 하여 방송계의 이면을 들여다보는 소설. 예능 프로그램 방송 작가가 쓴 생생한 증언과도 같은, 진실과 허구를 넘나드는 장편소설

방송 제작 관련 용어

녹화방송: 미리 사전 녹화하여 편집 과정을 거쳐 방송을 내보내는 것

생방송: 촬영과 동시에 촬영되는 내용이 실시간으로 방송되는 것

공개방송: 공개홀이나 스튜디오에 일반인 방청객들을 두고 진행하는 프로그램

버라이어티쇼(variety show): 노래, 춤, 개그, 토크쇼, 콩트 등의 다양한 형식을 하나로 묶은 연예 프로그램

포맷(format): 라디오나 TV의 프로그램의 형식 또는 특성. 매회 제작 때마다 반복되는 구성 전체를 말한다.

큐시트(cue-sheet): 프로그램의 시작부터 끝까지 누가 무엇을 언제 해야 하는가를 촘촘히 기록한 제작 진행표. 카메라 및 음향팀 등 모든 스태프가 제작 진행상 필요한 것을 알 수 있게 도표화한 것이다.

큐카드: 방송 MC나 패널들이 손에 들고 있는 작은 카드 형식의 종이. 순서대로 키워드가 되는 것들을 간략하게 적어놓은 최소화된 대본이다.

리허설: 실제 공연이나 녹화에 앞서 무대에서 출연자나 스태프들이 연습하는 것을 말한다.

스탠바이(stand-by): 출연자나 스태프에게 방송 준비를 알리는 것

큐사인(cue sign): 액션, 대사, 음악, 효과 등의 타이밍을 지시하기 위해 정해놓은 신호. 저마다 미리 약속한 소리나 손짓으로 지시를 전달한다.

N.G: no good의 약자. 촬영을 하다가 실수가 있을 때 'NG'라고 외치고 다시 촬영한다.

편집 : 영상과 소리를 자르고 이어붙이는 일. 필요 없는 것들을 잘라내거나 순서를 바꾼다.

더빙(dubbing): 일반적으로 소리를 녹음 작업하는 모든 것을 더빙이라 한다. 여러 곳에 녹음되어 있는 음악과 대사, 효과음 등을 하나의 트랙에 합치는 것, 또는 성우나 배우가 편집이 끝난 화면을 보면서 대사를 녹음하는 것, 외국어 대사나 해설을 우리말로 또는 그 반대로 바꾸는 작업 등이다.

인서트(insert): 프로그램 중간에 삽입되는 말이나 화면, 강조하거나 설명을 추가하는 경우에 사용한다.

콘티: 영상을 만들기 전에 제작하는 사람이 의도하는 이미지를 시각화해서 보여주는 것. 대부분 컷을 나누어 대략적인 그림으로 그려둔다.

로케이션(location): 스튜디오를 벗어난 야외촬영을 말한다. 자연이나 거리를 배경으로 촬영한다.

세트(set): 촬영을 위하여 실제와 비슷하게 만들어둔 공간이다.

스튜디오(studio): 일정한 설비를 갖춘 촬영장소. 방송국 내 스튜디오에는 조명과 음향, 카메라 설비가 되어 있어 촬영이 쉽다. 스튜디오 안에 제작하려는 프로그램의 세트를 짓는다.

개방 스튜디오(open studio): 방송이 제작되는 과정을 스튜디오 밖에서 일반인들이 지켜볼 수 있도록 방음 유리벽이나 특수 자재로 설계 제작한 스튜디오를 이른다.

시놉시스(synopsis): 드라마의 간단한 줄거리나 개요

애드리브(ad lib): 즉흥 대사. 배우가 대본에 쓰여 있는 대로가 아닌 돌발적, 즉흥적으로 한 대사

오픈 세트(open set): 야외에 만드는 세트. 시대극 등을 제작할 때 건축물과 가옥, 간판들을 옥외에 실제 모습 그대로 재현해서 만든다.

옴니버스(omnibus): 각자 독립되어 있는 에피소드를 한 데 묶은 것. 옴니버스식

구성, 옴니버스 드라마 등으로 쓴다.

피피엘(PPL; product placement): 대표적인 간접 광고의 일종으로 프로그램 안에 특정 기업의 상품이나 브랜드를 다양한 방법으로 노출시켜 광고 효과를 내는 것이다.

주조정실: 만들어진 프로그램을 송출한다. 방송국 부조정실 또는 중계국, 네트국에서 보내는 신호를 종합하여 내보낸다. 주조정실에서 내보내는 영상과 소리가 실시간으로 TV, 라디오를 통해 방송된다.

부조정실: 라디오, 텔레비전의 스튜디오에 딸린 조정실. 스튜디오에서 진행되는 프로그램을 지휘하고 영상 소리 조명을 조정한다. 스튜디오가 잘 내려다보이는 곳에 위치한다.

카메오(cameo): 특별 출연 혹은 우정 출연. 유명한 배우나 사회 저명인사가 잠깐 출연하여 연기하는 것이다.

방송 직책 관련 용어

CP: CP는 chief producer의 약자로 책임 프로듀서이다. 여러 개의 프로그램을 총괄하고 있다.

PD: PD는 프로듀서 혹은 프로그램 디렉터(producer 혹은 program director)의 약자다. 프로그램의 기획, 예산, 출연자 섭외, 구성 등의 모든 제작 관련 업무를 총괄한다.

AD: AD는 어시스턴트 디렉터(assistant director)의 약자다. PD가 되기 전의 단계로서 PD의 역할과 업무를 보조한다. 방송사 신입 피디들이 일정 기간 프로그램에서 AD의 역할을 한다.

FD: FD는 플로어 디렉터(floor director)의 약자. 말 그대로 무대 감독이다. 스튜디오 촬영을 할 때 PD는 부조정실에서 녹화 지휘를 하고, FD는 스튜디오에서 녹화 진행을 돕는다. 조연출 보조의 기능을 한다.

MD: MD는 마스터 디렉터(master director)의 약자. 방송국 주조정실에서 그날의 방송을 지휘 감독한다. 방송 시작부터 종료까지의 방송 운행을 책임진다.

M.C: 프로그램 진행자, 사회자라는 의미로 master of ceremony의 약자다.

D.J: 디스크 쟈키(disk jockey)의 약자. 음악 프로그램의 진행자를 이른다.

앵커(anchor): 뉴스 프로그램 진행자

패널: 방송 프로그램에 고정적으로 출연해 진행자를 돕는 역할을 한다. 또는 토론에 참여하여 의견을 말한다.

게스트: (주로 예능 프로그램에서) 어떤 한 회의 출연자나 초대 손님을 뜻한다.

카메라 용어

쇼트(shot): 카메라 쇼트는 카메라에 잡히는 한 장면을 말한다.

익스트림 롱 쇼트(E.L; extreme long shot): 카메라 모든 쇼트 중에서 가장 멀리서 아주 넓은 지역을 촬영하는 쇼트이다. 사막이나 산맥 등의 자연환경을 담을 때나 대규모 군중 신에서 전체 군중의 모습을 다 담을 때 쓴다.

롱 쇼트(L.S; long shot·원경): 멀리서 넓은 범위를 촬영한다. 풀 쇼트(F.S)보다는 멀고 익스트림 롱 쇼트보다는 가깝다. 풍경이나 실내의 경우라 하더라도 실내 전체를 담을 때 쓴다.

풀 쇼트(F.S; full shot·전경): 찍고자 하는 사람이나 물체 전부가 카메라 프레임 속에 들어오게 하는 쇼트이다.

웨이스트 쇼트(W.S; waist shot): 인물을 촬영할 때 허리에서 머리까지가 프레임에 들어오게 하는 쇼트이다.

바스트 쇼트(B.S; bust shot): 가슴에서부터 상반신을 담은 쇼트로 한 사람을 찍을 때 가장 많은 쓰는 쇼트 중 하나이다. 뉴스 앵커를 카메라에 담을 때 바스트 쇼트를 쓴다.

클로즈 쇼트(C.S; close shot): 어깨선부터 머리까지 얼굴 전체를 한 화면 안에 잡는 쇼트이다. 인물의 표정을 드러내는 데 좋다.

클로즈업 쇼트(C.U; close up shot): 인물의 경우에는 얼굴이 턱부터 이마까지 화면 안에 꽉 차게 들어가는 쇼트이다. 물체의 경우는 보여주고 싶은 것을 아주 가까이 잡는다.

익스트림 클로즈업 쇼트(E.C.U; extreme close up shot): 피사체를 극단적으로 가까이 찍는다. 인물의 경우에는 눈동자, 입술 등의 신체 부위만을 화면 가득히 채운다.

부감: 위에서 내려다 본 쇼트

앙각: 아래에서 치켜 올려본 쇼트

원 쇼트(one shot): 화면 안에 한 사람을 넣는다.

투 쇼트(two shot): 화면 안에 두 사람을 넣는다.

쓰리 쇼트(three shot): 화면 안에 세 사람을 넣는다.

그룹 쇼트(G.S; group shot): 네 사람 이상을 한 화면 안에 넣는다.

줌인/줌아웃(zoom in/out): 카메라 줌 기능을 이용하는 것으로, 줌인 하면 찍는 대상이 가까워지고, 줌아웃하면 대상이 멀어진다.

틸업/틸다운(tilt up/down): 틸업 하면 카메라가 수직으로 올라가고 틸다운 하면 수직으로 내려간다.

팬(pan): 카메라가 수평으로 좌 또는 우측으로 움직인다. 카메라는 같은 위치에서 고개를 돌리는 것처럼 움직인다.

트랙킹(tracking): 카메라가 움직이는 피사체를 따라 옆으로 움직인다. 팬과 달리 카메라 자체가 움직인다.

달리인/아웃(dolly in/out): 카메라가 찍으려는 대상을 향해 다가가거나 멀어진다. 줌인/줌아웃과 달리 카메라 자체가 움직인다.

포커스인(focus in): 카메라 초점이 흐릿했다가 점차 초점을 잡으며 대상이 뚜렷해진다.

포커스아웃(focus out): 카메라의 초점이 점차 흐려져 대상이 흐릿해진다.

페이드인/아웃(fade in/out): 화면이 점차 밝아온다(점점 어두워진다).

와이프(wipe in/out): 화면이 다른 화면에 의해 밀려난다.

디졸브(dissolve): 한 화면에 다른 화면이 서서히 겹쳐지면서 바뀐다.

지미집: 크레인에 카메라를 달아 이동을 하며 찍을 수 있게 한 기구. 위아래, 양

옆으로 자유롭게 이동할 수 있다. 리모컨으로 조정하는 무인 카메라다.

스태디캠: 카메라를 들고 다니며 찍어도 화면이 흔들리지 않도록 장치되어 있는

야외 카메라다.

참고 도서

「방송 작가가 말하는 방송 작가」, 이정란 외 4인 지음, 부키, 2011
「방송 구성 대본 쓰기」, 한소진 지음, 랜덤하우스, 2007
「주파수에 꿈을 담은 이야기꾼 라디오 피디」, 이덕우 지음, 들녘, 2015
「10대를 위한 직업의 세계 03 예술형」, 스토리텔링연구소 지음, 삼양미디어, 2015
「피디란 무엇인가」, 김영식 지음, 김영사, 2014
「방송 작가, 날마다 시트콤 가끔은 쇼」, 이승은 지음, 금토, 2001
《월간 방송작가》, 2017년 1·2월호, 2016년 2·7·11월호, 2015년 5·12월호

푸른들녘 미래탐색 시리즈

다양한 삶과 일터의 현장을 둘러보는 진로 체험 시리즈로 '직업=진로'라는 그릇된 인식을 바로잡기 위해 기획되었다. "나는 어떻게 살고 싶은가?"라는 물음에 답을 찾는 과정에서 먼저 개개인의 가치관을 정립하고 이에 따라 "내 인생의 방향에 맞는 일은 무엇일까?"를 탐색하는 데 구체적인 도움이 될 수 있도록 구성했다. 평생직장 개념이 사라진 21세기를 살아갈 청소년 및 청년들, 그리고 새로운 삶을 준비하는 직장인들에게 이 시리즈는 알찬 길잡이가 될 것이다.

001 열네 살 농부 되어 보기

이완주 · 정대이 · 박원만 지음 | 김선호 그림 | 372쪽

흙과 함께 자라며 생명을 가꾸는
21세기 유망 직업 농업인의 이모저모 살피기

농업 현장은 우리의 삶을 좌우하는 가장 기본적이며 중요한 일
터다. 과학이 눈부시게 발전해도 사람은 먹고사는 문제를 도
외시할 수 없다. 건강하고 영양분이 풍부한 먹을거리의 생산이
여전히 인류의 화두인 이유다. 이 책은 청소년들이 텃밭 농사
체험을 통해 작물의 재배와 생산 과정 및 생장의 기반이 되는
흙의 성질을 이해하게 해주고, 자연과 함께함으로써 생태계의 원리를 깨우치며, 더 나아가
자연의 공동체성을 인식하는 새로운 시선과 열린 전망을 제공한다. 청소년 농부들을 위해
흙 전문가인 이완주 박사와 친환경농업 전문가인 정대이 선생, 베스트셀러『텃밭백과』의
저자인 박원만 교수가 힘을 모았다. 본문과 표지 그림은 청소년 농부로 활동한 김선호 학생
의 작품이다.

002 별을 꿈꾸다

손일락 지음 | 276쪽

청춘의 아버지 손일락 교수가 스타 탄생 과정을 통해 인생의
성공 법칙을 조명하다!

28세에 교수가 된 이래 지금껏 교육 현장에서 학생들과 부대끼
며 '꿈'이란 무엇인지, 어떻게 꿈을 꾸고 이룰 수 있는지 늘 고민
해온 저자의 성찰을 집약한 책이다. 저자는 '전쟁터'라 불리는
연예계에 막내아들을 아이돌 가수로 데뷔시킨 장본인이다. 이
책은 그 과정을 통해 청소년들이 자신만의 꿈과 목표를 세우고
그것을 이루기 위해 어떻게 노력해야 하는지 단계별로 안내한다. 성공을 꿈꾸는 사람이라
면 반드시 냉철한 이성으로 자신의 내면을 들여다보고, 자신의 능력과 적성을 진지하게 평
가해야 한다고 조언하면서! 인생의 찬란한 순간을 위해 오늘도 학교에서 일터에서 비지땀
을 흘릴 수많은 청소년과 청년들, "요즘 애들은 꿈이 없어서 탈이야"라고 한탄하는 기성세
대 모두에게 이 책을 권한다.

003 세상을 바라보는 나만의 눈, 다큐멘터리

김희철 지음 | 316쪽

카메라로 발견한 세상의 진실을
나만의 방식으로 기록하는 다큐멘터리 감독

우리 인간의 확장된 눈 역할을 하는 카메라와 그것을 이용해
서 만들어지는 다큐멘터리가 지니는 시각적·역사적·철학적
특징을 살펴보면서 다큐멘터리 감독의 세계를 탐색한다. 다큐
멘터리 감독은 현실을 깊이 관찰하여 자신만의 목소리로 가공
하고 작품화하는 사람이다. 저자는 심각한 주제의식이나 시시
콜콜한 이야기도 다큐멘터리의 소재가 될 수 있지만, 가장 중요한 것은 감독이 그 이야기
를 통해 관객에게 어떤 메시지를 전달할 것인가 하는 점이라고 말한다. 그 밖에 다큐멘터리
를 감상하거나 제작할 때 함께 생각할 문제들, 다큐멘터리나 극영화의 서사구조를 만들 때
활용되는 내레이션의 중요성, 국내외 다양한 다큐멘터리 영화의 작가와 감독들의 이야기
도 함께 읽을 수 있다.

004 웹소설 작가 되기; 마음을 낚는 이야기꾼

양효진 · 정연주 지음 | 244쪽

나도 조횟수 기록을 갱신하는
인기 웹소설 작가가 될 수 있다!

'작가 되기'는 더 이상 먼 이야기가 아니다. 누구나 마음만 먹으
면 책 한 권쯤 쓸 수 있는 시대가 되었다. 작가라는 직업의 위상
도 예전보다 훨씬 높아졌다. 소재 발굴에 목이 마른 영화·드라
마·뮤지컬 등 각종 대중매체 기획자들이 가장 눈여겨보는 곳
이 바로 이야기 시장인 까닭이다. 이제는 내로라하는 작가가
아니더라도 얼마든지 다양한 매체로 대중에게 다갈 수 있게 되었다. 이런 배경 아래 인터넷
에 자기 글을 올리는 사람들도 대폭 늘어나는 추세다. 문제는 이들에게 글쓰기, 연재하기,
작가로 활동하기에 대한 기본적인 이해와 프로세스에 대한 지식이 부족하다는 점. 어떻게
하면 자신에게 맞는 글감을 찾아내고, 독자의 흥미를 끌어낼 수 있는 작품을 쓰며, 참신한
이야기로 인기를 얻을 수 있을까?

005 패션 디자이너 되기; 스타일에 날개를 달아주는

문미영 지음 | 248쪽

전 국민을 패션 피플로 만들어줄
예비 디자이너를 위한 가이드북

패션 디자이너라는 직업은 많은 사람이 생각하는 것처럼 '멋
있기만 한 직업'이 아니다. 전문적인 공부도 해야 하고, 훈련도
열심히 받아야 하고, 발품도 많이 팔아야 하고, 무엇보다 끊임
없이 노력해야 한다. 내가 디자인한 옷을 소비자에게 건네려
면 세상과 사람의 마음은 물론, 나아가 자연 현상까지 철저하
게 탐색하고 연구해야 하니까. 이 책은 옷을 좋아하고 패션에 관심이 많은 사람들, 특히 "사
람들이 내 손으로 디자인한 옷을 입고 거리를 활보했으면 좋겠다"라고 생각하거나 "최고의
모델에게 내 옷을 입히고 싶다"라는 꿈을 가진 이들을 위한 것이다. 물론 "나는 옷이 제일
좋아. 옷 만드는 것 외에 다른 일은 별로야"라고 말하는 타고난 패션 디자이너를 위한 책이
기도 하다.

006 성우 되기; 목소리로 연기하는 배우

황보현 지음 | 208쪽

우주를 삼킨 별별 목소리,
성우들의 리얼 월드를 탐색한다!

직업 만족도 2위!(한국고용정보원 직업 만족도 조사) 명예나 돈
보다는 정말로 하고 싶어서 도전하는 직업! 성우는 우리말을
정확하게 표현하는 전문가이자 시각 장애인들을 비롯한 방송
소외계층에 도움을 주는 사회적인 역할과 책임을 지는 자랑스
러운 직업이다. 이 책은 성우를 꿈꾸는 독자들에게 성우의 세
계를 소개하는 책이자 직접 발을 들여놓기 전에 최소한의 판단 기준이 될 정보를 제공하는
실용적인 성우 지침서다. 저자는 우리나라에서 성우 인터뷰를 가장 많이 한 베테랑 기자로
서 성우계의 과거와 현재 그리고 미래에 나아가야 할 방향을 객관적이고 담백한 시선으로
정리했다.

007 라디오 피디; 주파수에 꿈을 담는 이야기꾼

이덕우 지음 | 243쪽

디지털 시대의 스마트 저널리스트
라디오 피디의 세계

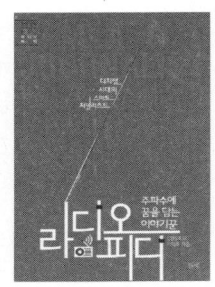

1970년, 영국 밴드 버글스는 텔레비전의 등장과 함께 시작될 라디오의 종말을 "video killed the radio star"라고 노래했다. 라디오는 올드미디어로 밀려난 듯했다. 하지만 라디오는 끊임없이 자신만의 오디오 DNA를 발전시키며 여전히 다양한 미디어 안에서 공존하고 있다. 오히려 비주얼 홍수 시대인 요즘에는 눈을 편하게 해주는 eye free가 각광받으면서 라디오의 미래에 다시금 서광이 비치고 있다. 안테나를 잡고 정교한 손놀림으로 주파수를 맞추는 모습은 낯설지만 라디오는 이제 보이는 라디오, 인터넷 라디오 앱, 팟캐스트 등으로 무한 변신하며 다양한 모습으로 우리의 일상을 잠식하는 중이다. 라디오 피디로서의 경험은 물론 미디어 산업의 전망까지 친절하게 짚어주는 안내서.

008 메이크업아티스트; 캐릭터를 디자인하는 개성 연출자

이나경 지음 | 340쪽

화장으로 아름다움을 연출하는
전문 뷰티션의 생생한 꿀팁과 실전 가이드

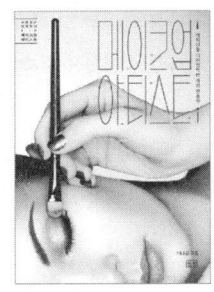

패션, 잡지, 뷰티, 화장품, 방송, 연예… 이들 산업이 커가면서 함께 주목받는 직업이 있다. 바로 '메이크업아티스트'다. 과거에는 메이크업아티스트라고 하면 신부 화장이나 연예인 메이크업을 해주는 '화장 잘하는 사람'이라는 인식이 지배적이었지만 최근엔 엔터테인먼트와 뷰티 분야를 아우르는 전문 직업군으로 떠오르고 있다. 메이크업아티스트로 시작해 현재 화장품 칼럼니스트이자 스킨케어 전문가로 활동하는 저자는 초보 시절의 시행착오를 후배들에게 대물림하고 싶지 않아 이 책을 쓰게 되었다고 말한다. 불명확한 정보로 지망생들이 갖게 될 비현실적 환상을 거두고, 실제 현장에서 어떤 일이 일어나는지, 메이크업아티스트가 되는 길과 업계에서 살아남아 전문가로 성장하려면 어떤 자질을 갖춰야 하는지 조언하는 책.

009 가든 디자이너; 삶의 풍경을 설계하다

강혜주 지음 | 264쪽

사람의 마음이 담긴 정원을 설계하고
자연의 멋을 구현하는 가든 디자이너

미래에 각광받을 직업은 '정보화·고령화·환경'이라는 키워드
와 연결된다. 따라서 다음 세대는 자연을 인공적으로라도 누리
고 보존하는 길을 모색할 것이다. 『가든 디자이너』는 이 같은
시점에서 꼭 권하고 싶은 책이다. 저자는 오늘도 현장에서 강렬
한 햇살과 싸우며 의뢰인의 로망을 구현하는 도면 설계는 물론
정원의 식재(植栽) 같은 디테일 하나도 놓치지 않는 가든 디자이너다. 그는 "가든 디자인
은 기계가 대체할 수 없는 사람의 감성 영역이며, 가든 디자이너는 100년 뒤에도 없어지지
않을 직업"이라고 단언한다. 이 책은 우리나라의 정원은 물론 세계의 정원이 어떻게 발전해
왔는지, 현재의 모습은 어떠한지, 현장에서는 어떻게 작업이 이루어지는지 등을 아우르는
인문학적 향기가 강한 멋진 실용서다.

010 나는 신문기자입니다; 사실을 캐고 진실을 쓰는

임지선 지음 | 208쪽

세상을 바꾸는 단 한 줄의 힘을 믿는
기자들의 세계를 파헤치다!

기자들은 늘 수많은 사건사고의 보도 현장 한가운데 서 있다.
그 뿐인가? 기자는 드라마, 영화, 소설 등 미디어에 특히 많이
등장한다. 인기 직종인 탓이다. 이 책은 중학생 시절부터 기자
가 되기를 꿈꾸었고, 학생기자를 거쳐 마침내 '진짜 기자'가 되
어 '한 문장의 힘'을 발휘하기까지 오직 한 길만을 보고 달려온
13년차 기자가 청소년들을 위해 쓴 것으로, 직업으로서의 기자 세계를 탐색할 수 있는 친
절한 안내서다. 기자의 자질, 기자가 되는 데 필요한 조건, 기자가 되어서 실제로 하는 일에
대한 소개는 물론 신문사 부서별 업무와 종이신문의 미래 전망까지 두루 훑어주므로 장차
신문기자를 꿈꾸는 이들에게 큰 도움이 될 것이다. 언론계의 상황과 시스템을 이해하고 저
널리즘의 기본과 미래를 짚어보는 데에도 유익하다.

011 항공승무원; 지구촌 하늘 여행의 멋진 동반자

정진화 · 이자영 지음 | 184쪽

투철한 책임감과 서비스 정신으로 빛나는
항공 승무원 현장 보고서!

항공 승무원은 어떤 일을 하는지, 어떻게 하면 항공 승무원이 될 수 있는지, 항공 승무원이 되려면 무엇을 어떻게 준비해야 하는지 A부터 Z까지 솔직하게 들려주는 가이드. 이 책에는 저자들이 이 일을 수행하면서 겪은 여러 가지 시행착오, 잊지 못할 에피소드, 교육 과정에서 벌어진 일, 보람과 기쁨, 잊고 싶을 만큼 힘겨운 순간들에 이르기까지 매우 진술한 이야기들이 담겨 있다. 또한 승무원들이 사용하는 전문 용어, 공항 안내판과 보딩 패스에 쓰인 이니셜의 의미, 탑승객들의 상태를 식별하는 법, 취업에 필요한 이력서와 자격 요건 갖추기 등 꼭 알아야 할 개념과 정보들이 충실하게 설명되므로 승무원이 되고 싶은 독자들, 현재 승무원 시험을 준비 중인 지망자들에게 정확한 나침반이 되어줄 것이다.

012 나의 직업 방송 작가; 글 대신 말을 쓴다

임선경 지음 | 272쪽

방송 작가는 들리는 글을 쓰는 사람이다!

막내 작가부터 시작하여 메인 작가로 출사표를 던지기까지 전 과정과 실무를 다룬 친절하고 자세한 방송 작가 입문서! 소설가와 방송 작가는 어떻게 다른지, 입봉은 어떻게 하는지, 방송 대본은 어떻게 쓰는지, 방속 작가들의 수입은 어떤지 등등 실용적이고 구체적인 정보와 더불어 드라마, 다큐, 예능 및 라디오 프로그램 등 분야별로 이루어지는 작가들의 활동을 소개한다. 작가 지망생으로서 갖춰야 할 자질은 무엇인지, 능력을 배양하려면 어떻게 준비해야 하는지 등을 모두 아우르는 예비 작가에게 꼭 필요한 지침서로 작가들의 생활을 소설처럼 엮은 글과 알아두면 유용한 방송 용어까지 망라한 흥미롭고 스마트한 가이드다.